Cuisine thaïe

les meilleures recettes pour des dîners
en famille ou entre amis

marabout

Sommaire

Annexes

INFO DU CHEF
Les températures indiquées dans ce livre font référence aux fours traditionnels ; si vous avez un four à chaleur tournante, diminuez les températures de 10 à 20 °C.

Pâtes de curry

La cuisine thaïe plonge ses racines dans différentes traditions : locales tout d'abord, mais avec une grande diversité puisque le pays offre de multiples paysages qui ont généré de grandes différences culinaires et culturelles d'une région à l'autre ; étrangères aussi, avec les traditions culinaires des pays avoisinants, la Thaïlande se trouvant à la confluence de l'Inde et de la Chine, et voisine aussi du Vietnam. L'Europe également prit pied dans cette région dès le XVIe siècle, apportant avec elle, outre de nouveaux traités commerciaux, une épice que les Thaïs mirent peu de temps à apprivoiser : le piment.
Une des plus grandes qualités de la cuisine thaïe réside dans sa capacité à exhausser toute la délicatesse des mets alors que très souvent les recettes utilisent des ingrédients au goût très prononcé, comme le piment, la citronnelle, l'ail ou la pâte de crevettes.
C'est une cuisine raffinée où les saveurs et les textures se complètent en un bel équilibre qui joue de quatre goûts combinés : le sucre, le salé, le pimenté et l'acide. Les différents currys en sont un bel exemple.

ASTUCES ET TECHNIQUES

Les currys thaïs nous obligent à oublier les différentes poudres que nous pouvons trouver au rayon épices de nos grandes surfaces : en effet, les pâtes de curry sont préparées avec des ingrédients frais broyés. Il en existe une variété incroyable, puisque les recettes varient selon les ingrédients disponibles, les saisons... et les goûts du cuisinier. Pas question cependant d'improviser totalement.
À la base, on trouvera toujours les mêmes ingrédients : des piments (frais ou séchés), du galanga (ou du gingembre), de la citronnelle (et non pas du citron), des échalotes (thaïes de préférence), de l'ail et de la pâte de crevettes. D'autres éléments vont s'ajouter à cette base et les quantités varient selon les recettes, mais la règle d'or est que chaque saveur puisse se reconnaître dans ce savant mélange.

Le piment Sa quantité est variable selon les recettes (les currys verts en sont ainsi très riches). Selon ses goûts, on pourra aussi réduire le nombre de piments utilisés (cette solution est préférable à celle qui consiste à épépiner les piments car ces derniers perdent en saveur).
En utilisant des piments séchés que vous aurez fait tremper au préalable, vous leur ferez perdre un peu de leur chaleur (quand le plat « brûle » trop, le goût des aliments s'en trouve masqué) mais sans rien leur faire perdre de leur saveur.

La citronnelle Attention à ne pas couvrir les autres ingrédients avec la saveur citronnée de cette herbe. N'utilisez que le blanc et hachez-la très finement.

La pâte de crevettes Faites-la griller très rapidement avant emploi pour exhaler ses parfums.

Les épices en graines Cumin, coriandre, cardamome et autres graines seront rôties à feu doux et à sec (sans matière grasse) avant d'être pilées.

Si au fil des recettes nous vous proposons régulièrement de mixer certains mélanges, un bon cuisinier thaï utilisera quant à lui un pilon et un mortier. Choisissez un gros mortier et un pilon lourd. Commencez par couper les ingrédients en petits morceaux ou à les hacher grossièrement pour les réduire plus facilement en purée. De la même manière, découpez très finement les ingrédients avec de bons couteaux au lieu de les mixer grossièrement. En somme, considérez la cuisine thaïe comme un bel apprentissage de la patience et choisissez un jour où vous êtes très disponible pour vous lancer... Pour rassurer les moins courageux, signalons quand même qu'une pâte de curry préparée avec un mixeur sera meilleure qu'une pâte de curry achetée toute prête au supermarché !
Essayez toujours de vous procurer les bons ingrédients. Vous trouverez la plupart des épices et condiments de garde en grande surface ou dans les épiceries fines (ils sont plus chers mais généralement d'excellente qualité ; achetez les épices en petites quantités pour éviter qu'ils ne s'éventent). Pour les produits frais, allez dans les épiceries asiatiques ou chez de bons marchands de fruits et légumes ; certains ont des étals richement achalandés.
Certaines quantités ne pouvant pas se diviser, il est fréquent que l'on soit obligé de préparer plus de pâte de curry que nécessaire. Vous pouvez garder le reste jusqu'à deux semaines au réfrigérateur, dans un récipient hermétique, après avoir couvert la surface d'un film alimentaire. Vous pouvez la congeler mais son goût s'en trouvera altéré.

300 G | Préparation + cuisson 23 minutes (+ trempage)

Pâte de curry rouge

20 piments longs rouges séchés
1 c. à c. de coriandre moulue
2 c. à c. de cumin moulu
1 c. à c. de paprika fort
2 c. à c. de gingembre frais râpé
3 belles gousses d'ail coupées en quatre
1 bel oignon rouge émincé très finement
2 blancs de citronnelle émincés très finement
1 feuille de citron kaffir coupée en lanières
1 tige de coriandre hachée, y compris les racines
2 c. à c. de pâte de crevettes légèrement grillée
1 c. à s. d'huile végétale

1. Faites tremper les piments 15 minutes dans de l'eau bouillante (ils doivent être juste couverts) puis égouttez-les.
2. Faites griller à sec la coriandre, le cumin et le paprika dans une poêle antiadhésive, jusqu'à ce qu'ils embaument.
3. Mettez les piments, les épices grillées et le reste des ingrédients dans un mortier, à l'exception de l'huile. Pilez-les en une purée fine puis versez progressivement l'huile, sans cesser de piler, jusqu'à ce que la pâte soit homogène.

300 G | Préparation + cuisson 23 minutes

Pâte de curry verte

2 c. à c. de coriandre moulue
2 c. à c. de cumin moulu
10 piments longs verts émincés
10 piments oiseaux émincés
1 belle gousse d'ail coupée en quatre
4 oignons verts émincés
1 blanc de citronnelle émincé très finement
2 feuilles de citron kaffir coupées en lanières
1 c. à c. de galanga frais râpé
2 tiges de coriandre hachées, y compris les racines
1 c. à c. de pâte de crevettes légèrement grillée
1 c. à s. d'huile végétale

1. Faites griller à sec la coriandre et le cumin dans une poêle antiadhésive, jusqu'à ce qu'ils embaument.
2. Mettez les épices grillées et le reste des ingrédients dans un mortier, à l'exception de l'huile. Pilez-les en une purée fine puis versez progressivement l'huile, sans cesser de piler, jusqu'à ce que la pâte soit homogène.

300 G | Préparation + cuisson 25 minutes (+ trempage)

Pâte de curry massamam

20 piments longs rouges séchés
1 c. à c. de coriandre moulue
2 c. à c. de cumin moulu
2 c. à c. de cannelle moulue
½ c. à c. de cardamome moulue
½ c. à c. de clou de girofle pilé
5 belles gousses d'ail coupées en quatre
1 bel oignon jaune émincé très finement
2 blancs de citronnelle émincés très finement
3 feuilles de citron kaffir coupées en lanières
1 c. à c. de gingembre frais râpé
2 c. à c. de pâte de crevettes légèrement grillée
1 c. à s. d'huile végétale

1. Préchauffez le four à 180 °C. Faites tremper les piments 15 minutes dans de l'eau bouillante (ils doivent être juste couverts) puis égouttez-les.
2. Faites griller à sec la coriandre, le cumin, la cannelle, la cardamome et le clou de girofle dans une poêle antiadhésive, jusqu'à ce qu'ils embaument.
3. Mettez les piments, les épices grillées et le reste des ingrédients dans un petit récipient en terre, mélangez bien et faites rôtir 15 minutes au four.
4. Transférez les ingrédients dans un mortier et pilez-les pour obtenir une pâte homogène.

300 G | Préparation + cuisson **23 minutes** (+ trempage)

Pâte de curry panang

25 piments longs rouges séchés
1 c. à c. de coriandre moulue
2 c. à c. de cumin moulu
2 belles gousses d'ail coupées en quatre
8 oignons verts émincés
2 blancs de citronnelle émincés très finement
2 c. à c. de galanga frais râpé
2 c. à c. de pâte de crevettes légèrement grillée
75 g de cacahuètes grillées hachées grossièrement
2 c. à s. d'huile végétale

1. Faites tremper les piments 15 minutes dans de l'eau bouillante (ils doivent être juste couverts) puis égouttez-les.
2. Faites griller à sec la coriandre et le cumin dans une poêle antiadhésive, jusqu'à ce qu'ils embaument.
3. Mettez les piments, les épices grillées et le reste des ingrédients dans un mortier, à l'exception de l'huile. Pilez-les en une purée fine puis versez progressivement l'huile, sans cesser de piler, jusqu'à ce que la pâte soit homogène.

300 G | Préparation + cuisson **23 minutes**

Pâte de curry jaune

1 c. à c. de coriandre moulue
2 c. à c. de cumin moulu
½ c. à c. de cannelle moulue
1 c. à c. de curcuma frais émincé très finement
5 piments longs jaunes frais émincés
2 belles gousses d'ail coupées en quatre
1 oignon jaune émincé très finement
1 blanc de citronnelle émincé très finement
2 c. à c. de galanga frais râpé
1 tige de coriandre hachée, y compris les racines
1 c. à c. de pâte de crevettes légèrement grillée
1 c. à 3. d'huile végétale

1. Faites griller à sec la coriandre, le cumin et la cannelle dans une poêle antiadhésive, jusqu'à ce qu'ils embaument.
2. Mettez les épices grillées et le reste des ingrédients dans un mortier, à l'exception de l'huile. Pilez-les en une purée fine puis versez progressivement l'huile, sans cesser de piler, jusqu'à ce que la pâte soit homogène.

Préparez tous les ingrédients (hachés ou émincés si nécessaire) à portée de main.

Faites griller à sec les épices en remuant sans cesse avec une cuillère en bois.

Pilez longuement les ingrédients dans un mortier pour obtenir une pâte fine.

12 PIÈCES

Préparation + cuisson 40 minutes

SOUPES & HORS-D'ŒUVRE

Pâtés impériaux au porc et aux crevettes

INGRÉDIENTS
20 g de vermicelles de riz séchés
2 c. à c. d'huile végétale
100 g de filet de porc en fines lamelles
1 gousse d'ail pilée
1 piment rouge frais en fines lamelles
1 oignon de printemps émincé
1 carotte grossièrement râpée
1 pied de coriandre fraîche haché, y compris la racine
1 c. à c. de sauce de poisson
50 g de crevettes cuites décortiquées finement hachées
1 c. à c. de Maïzena®
2 c. à c. d'eau
12 feuilles de riz carrées de 12 cm de côté
huile végétale pour la friture

SAUCE AU CONCOMBRE
1 miniconcombre épluché et émincé
110 g de sucre en poudre
250 ml d'eau
125 ml de vinaigre de vin blanc
1 c. à s. de gingembre frais râpé
1 c. à c. de sel
2 piments rouges frais émincés
3 oignons verts émincés
1 c. à c. de coriandre fraîche ciselée

1. Mettez les vermicelles dans un petit récipient, couvrez d'eau bouillante puis laissez gonfler entre 3 et 5 minutes, jusqu'à ce qu'ils soient tendres. Égouttez. Avec des ciseaux de cuisine, coupez les vermicelles en tronçons de 5 cm environ.
2. Faites chauffer l'huile végétale dans un wok puis faites revenir à feu vif le porc, l'ail et le piment. Ajoutez ensuite l'oignon, la carotte, le pied de coriandre haché, la sauce de poisson et les crevettes. Laissez dorer jusqu'à ce que les légumes soient juste cuits. Transférez ensuite ce mélange dans un récipient, ajoutez les vermicelles et remuez.
3. Délayez la Maïzena® dans l'eau, dans un petit bol. Placez les feuilles de pâte sur un torchon humide. Déposez 1 pleine cuillerée de garniture tiède sur une feuille de pâte, près d'un des coins. Badigeonnez les bords avec le mélange de Maïzena® et d'eau puis fermez les rouleaux en rabattant la pâte sur la garniture.
4. Préparez la sauce au concombre.
5. Faites chauffer de l'huile dans un wok et faites frire les pâtés impériaux jusqu'à ce qu'ils soient dorés de toutes parts. Égouttez-les sur du papier absorbant et servez aussitôt avec la sauce au concombre. Vous pouvez présenter en accompagnement des feuilles de salade et des brins de menthe fraîche.

SAUCE AU CONCOMBRE

Mettez le concombre dans un bol de service. Mettez le sucre, l'eau, le vinaigre, le gingembre et le sel dans un petit récipient et fouettez jusqu'à ce que le sucre soit dissous. Versez ce mélange sur le concombre. Ajoutez enfin les piments, les oignons et la coriandre.

Réservez les feuilles de coriandre pour la sauce ; lavez tiges et racines puis hachez-les.

Coupez les vermicelles en tronçons avec des ciseaux de cuisine.

Déposez un peu de garniture au centre d'une feuille de pâte puis rabattez les côtés dessus.

8 PIÈCES

Préparation + cuisson 1 heure

Beignets de bœuf au curry

INGRÉDIENTS
200 g de pommes de terre
2 c. à c. d'huile végétale
1 pied de coriandre fraîche haché, y compris la racine
2 oignons verts
1 gousse d'ail pilée
100 g de bœuf haché
½ c. à c. de curcuma moulu
½ c. à c. de cumin moulu
½ c. à c. de coriandre séchée en poudre
2 c. à c. de sauce de poisson
1 c. à s. d'eau
2 rouleaux de pâte feuilletée
1 œuf légèrement battu
huile végétale pour la friture

SAUCE AU PIMENT DOUCE
12 piments rouges frais émincés
8 gousses d'ail finement hachées
220 g de sucre en poudre
500 ml de vinaigre blanc
2 c. à c. de sel

1. Faites cuire les pommes de terre à l'eau puis écrasez-les grossièrement avec un presse-purée dans un récipient.
2. Préparez la sauce au piment.
3. Faites chauffer l'huile dans un wok et faites revenir à feu vif le pied de coriandre haché, les oignons, l'ail et le bœuf. Quand la viande a changé de couleur, ajoutez les épices et poursuivez la cuisson sans cesser de remuer, jusqu'à ce que le mélange embaume. Versez la sauce de poisson et l'eau. Laissez épaissir à feu moyen, sans couvrir, puis versez la préparation sur les pommes de terre écrasées et mélangez.
4. Étalez la pâte feuilletée sur le plan de travail fariné et découpez 8 disques de 9 cm de diamètre avec un emporte-pièce. Déposez 1 pleine cuillerée à soupe de garniture au centre des disques et badigeonnez les bords d'œuf battu. Fermez les croissants en pinçant les bords du bout des doigts.
5. Au moment de servir, faites chauffer une grande quantité d'huile végétale dans une sauteuse et faites frire les beignets jusqu'à ce que la pâte soit dorée et croustillante. Égouttez-les sur du papier absorbant et servez aussitôt avec la sauce au piment.

SAUCE AU PIMENT DOUCE

Mettez tous les ingrédients dans une petite casserole et mélangez à feu doux jusqu'à ce que le sucre soit dissous. Portez alors à ébullition puis baissez le feu et laissez frémir 20 minutes pour faire épaissir la sauce. Laissez tiédir 5 minutes puis fouettez le mélange.

ASTUCES DU CHEF

• *Vous pouvez préparer la farce la veille et la garder au réfrigérateur. Vous pouvez également congeler les beignets après les avoir fait frire : avant de les servir, réchauffez-les 15 minutes au four pour qu'ils retrouvent tout leur croquant.*
• *L'huile pour la friture doit être bien chaude. Faites cuire les beignets en plusieurs fournées et retournez-les plusieurs fois pour qu'ils dorent uniformément.*

Écrasez les pommes de terre avec un presse-purée et ajoutez la garniture au bœuf.

Avec un emporte-pièce, découpez des disques de pâte de 9 cm de diamètre.

Rabattez la pâte sur la garniture pour former des demi-lunes et pincez les bords.

30 PIÈCES

Préparation + cuisson 1 h 10

Aumônières au bœuf et aux crevettes

INGRÉDIENTS
2 c. à s. d'huile d'arachide
1 gousse d'ail pilée
1 petit oignon jaune émincé
2 cm de gingembre frais râpé
80 g de bœuf haché
60 g de petites crevettes cuites décortiquées et hachées
1 petite carotte râpée
2 oignons verts émincés
1 c. à s. de basilic frais ciselé
1 c. à s. de sucre en poudre
250 g de feuilles à raviolis chinois
1 œuf légèrement battu
huile végétale pour la friture

SAUCE AU PIMENT
125 ml d'eau
60 ml de vinaigre blanc
1 c. à c. de sauce hoisin
1 piment oiseau rouge émincé
1 piment rouge moyen haché
110 g de sucre brun en morceaux

1. Faites dorer l'ail dans l'huile d'arachide chaude, puis ajoutez l'oignon et le gingembre et faites-les revenir 1 minute. Incorporez le bœuf et faites-le colorer, puis saisissez les crevettes, la carotte et les oignons verts. Laissez le tout cuire 1 minute à feu doux avant d'ajouter le basilic et le sucre.
2. Préparez la sauce au piment.
3. Badigeonnez d'œuf les feuilles de pâte, déposez au milieu un peu de farce et remontez les côtés en les pinçant pour fermer les aumônières.
4. Faites chauffer de l'huile végétale dans une grande poêle et faites dorer les aumônières, en plusieurs tournées. Égouttez-les sur du papier absorbant. Servez les aumônières chaudes avec de la sauce au piment.

SAUCE AU PIMENT
Mélangez dans une petite poêle l'eau, le vinaigre, la sauce hoisin et le piment oiseau. Laissez chauffer à feu doux pour dissoudre le sucre, puis portez la sauce à ébullition et laissez-la frémir à découvert 5 minutes pour la faire épaissir. Parsemez de piment haché.

Faites revenir les ingrédients de la farce.

Badigeonnez d'œuf les feuilles de pâte et déposez un peu de farce au milieu.

Remontez les côtés en les pinçant pour fermer les aumônières.

12 PIÈCES

Préparation + cuisson
35 minutes
(+ marinade)

Brochettes de viande marinées et sauce satay

INGRÉDIENTS
250 g de blanc de poulet
250 g de filet de bœuf
250 g de filet de porc
2 gousses d'ail pilées
2 c. à c. de sucre de palme râpé ou de sucre roux
¼ c. à c. de sambal oelek
1 c. à c. de curcuma moulu
¼ c. à c. de curry en poudre
½ c. à c. de cumin moulu
½ c. à c. de coriandre séchée en poudre
2 c. à s. d'huile végétale

SAUCE SATAY
80 g de cacahuètes non salées grillées à sec
2 c. à s. de pâte de curry rouge (page 6)
180 ml de lait de coco
60 ml de bouillon de poulet
1 c. à s. de jus de citron kaffir ou de citron vert
1 c. à s. de sucre de palme râpé ou de sucre roux

1. Détaillez les viandes en bandes de 1,5 cm de largeur puis piquez ces morceaux en accordéon sur des piques en bois. Mettez les brochettes dans un plat en verre peu profond. Fouettez dans un récipient l'ail, le sucre, le sambal oelek, les épices et l'huile puis badigeonnez les brochettes de ce mélange. Couvrez et laissez mariner au moins 3 heures au réfrigérateur.
2. Préparez la sauce.
3. Faites cuire les brochettes sur un gril en fonte préchauffé (ou au barbecue). Retournez-les plusieurs fois pendant la cuisson en les badigeonnant régulièrement de marinade. Servez aussitôt avec la sauce satay.

SAUCE SATAY
Concassez les cacahuètes puis mixez-les avec la pâte de curry pour obtenir un mélange homogène. Portez le lait de coco à ébullition avant d'ajouter la pâte de curry. Laissez chauffer en remuant. Baissez le feu puis versez le bouillon. Laissez mijoter 3 minutes sans cesser de remuer pour faire épaissir la sauce. Ajoutez le jus de citron et le sucre. Laissez cuire à feu moyen jusqu'à ce que tout le sucre soit dissous.

ASTUCES DU CHEF
• *Si vous utilisez des piques en bambou, faites-les tremper au moins 1 heure avant emploi.*
• *Ces brochettes peuvent être préparées sur des tiges de citronnelle, de thym ou de romarin. La viande prendra ainsi les arômes du bois.*
• *Pour la marinade, vous pouvez préparer une sauce contenant de l'ail pilé, des épices mélangées et de l'huile. Laissez reposer les brochettes au moins 3 heures dans ce mélange, au réfrigérateur.*
• *Le sambal oelek est une purée de piment assez forte, d'origine indonésienne. Elle contient aussi de la sauce soja. Vous pouvez en réduire la quantité ou utiliser de la purée de tomate si vous n'aimez pas les plats trop relevés.*

Laissez un espace à l'une des extrémités des brochettes pour les retourner sans vous brûler.

Portez le lait de coco à ébullition puis incorporez la pâte de curry en remuant.

16 PIÈCES

Préparation + cuisson
25 minutes
(+ réfrigération)

Galettes de poisson

INGRÉDIENTS

500 g de filets de rascasse sans arêtes et sans la peau
2 c. à s. de pâte de curry rouge (page 6)
2 feuilles de citron kaffir déchiquetées
2 oignons verts émincés
1 c. à s. de sauce de poisson
1 c. à s. de jus de citron vert
2 c. à s. de coriandre fraîche ciselée
50 g de haricots verts émincés
2 piments oiseau rouges hachés
huile d'arachide pour la friture
1 citron vert coupé en quatre

1. Découpez le poisson en petits morceaux puis mixez-le avec la pâte de curry, les feuilles de citron kaffir, les oignons, la sauce de poisson et le jus de citron vert. Mélangez la pâte obtenue avec la coriandre, les haricots verts et les piments.
2. Façonnez des boulettes que vous aplatissez entre vos paumes pour obtenir des galettes assez épaisses. Disposez-les sur un plateau, couvrez et réfrigérez au moins 30 minutes.
3. Faites chauffer de l'huile dans un wok pour y saisir les galettes et les faire dorer des deux côtés. Quand elles sont cuites à point, mettez-les à égoutter un peu sur du papier absorbant. Servez chaud, avec de la sauce au concombre (page 8) et des quartiers de citron vert.

ASTUCE DU CHEF

La cuisine thaïe utilise une grande variété de piments, rouges ou verts, petits ou longs, plus ou moins forts selon le résultat escompté. Les plus courants sont les piments oiseau (prik kii nuu) ou piments thaïs, verts ou rouges, qui constituent la base des currys. Ils sont petits (3 cm environ) mais très brûlants. On les emploie le plus souvent frais (quand il sont séchés, il faut les réhydrater avant de les cuisiner) mais on peut atténuer leur feu en retirant les pépins et les membranes blanches à l'intérieur.

4 PERS.

Préparation + cuisson
35 minutes
(+ réfrigération)

Boulettes de crevettes frites

INGRÉDIENTS

1 kg de grosses crevettes cuites
5 oignons verts émincés
2 gousses d'ail pilées
4 piments rouges frais épépinés et émincés
1 c. à c. de gingembre frais râpé
1 c. à s. de Maïzena®
2 c. à c. de sauce de poisson
1 petite poignée de coriandre finement ciselée
60 g de chapelure
huile végétale pour la friture
80 ml de sauce au piment douce

1. Décortiques les crevettes en gardant la queue intacte et coupez-les en deux. Mixez-les grossièrement en donnant plusieurs impulsions. Ajoutez ensuite dans le bol du mixeur les oignons, l'ail, le piment, le gingembre, la Maïzena®, la sauce de poisson et la coriandre. Mixez à nouveau.
2. Façonnez avec ce mélange de petites boulettes et roulez-les dans la chapelure. Disposez-les en une seule couche sur une plaque de cuisson, sans qu'elles se touchent, couvrez-les et mettez-les 30 minutes au réfrigérateur pour les faire raffermir.
3. Faites chauffer une grande quantité d'huile dans une sauteuse et faites frire les boulettes en plusieurs fois, jusqu'à ce qu'elles soient cuites et dorées. Égouttez-les sur du papier absorbant et servez-les chaudes avec la sauce au piment douce.

ASTUCES DU CHEF

• *Ces boulettes sont également délicieuses servies avec une sauce au concombre (page 8).*
• *Ne raccourcissez pas le temps de réfrigération des boulettes car si elles ne sont pas assez fermes, elles risquent de se défaire à la cuisson. Vous pouvez conserver ces boulettes une nuit entière au réfrigérateur avant de les faire cuire.*
• *L'huile pour la friture doit être assez chaude pour que les boulettes soient saisies. Faites-les cuire en plusieurs fournées et retournez-les plusieurs fois pour qu'elles dorent uniformément. Gardez-les au chaud au four pendant que vous faites cuire les boulettes restantes.*
• *Vous pouvez réutiliser deux ou trois fois l'huile de friture. Quand elle a complètement refroidi, filtrez-la dans un tamis fin et gardez-la dans un récipient couvert, à l'abri de la lumière. Jetez-la dès qu'elle commence à noircir.*
• *Pour une recette plus légère, badigeonnez d'un peu d'huile ces boulettes et faites-les cuire au four ou sur une plaque en fonte, en les remuant souvent pour éviter qu'elles n'attachent.*

Décortiquez les crevettes en gardant la queue intacte.

Épépinez les piments avant de les hacher très finement.

4 PERS.

Préparation + cuisson
1 heure

Soupe aigre-douce aux crevettes

INGRÉDIENTS

1,5 litre de bouillon de poisson
1 c. à s. de coriandre (tiges et racines) hachée
1 blanc de citronnelle (20 g) haché très fin
8 feuilles de citron kaffir ciselées
8 cm de gingembre frais en fines rondelles
2 piments oiseau rouges hachés
1 c. à s. de sauce de poisson
12 gambas crues
8 oignons verts en tronçons de 2 cm
80 ml de jus de citron vert
1 grosse poignée de feuilles de coriandre ciselées
1 petite poignée de feuilles de basilic thaï ciselées

1. Versez le bouillon dans un faitout. Ajoutez les tiges et les racines de coriandre, la citronnelle, les feuilles de citron kaffir, le gingembre, le piment et la sauce de poisson. Portez à ébullition puis baissez le feu et laissez frémir 10 minutes.
2. Pendant ce temps, décortiquez les crevettes en laissant les queues intactes. Ajoutez-les, avec les oignons verts et le jus de citron vert, dans le faitout ; laissez frémir 4 minutes sans couvrir. Quand les crevettes ont changé de couleur, retirez la soupe du feu et incorporez la coriandre et le basilic.

ASTUCE DU CHEF

Les tiges et racines de coriandre sont très appréciées dans la cuisine thaïe. Pour en avoir toujours sous la main, achetez une belle botte de coriandre avec les racines. Prélevez les feuilles (on utilise toutes les feuilles d'une seule botte pour cette recette), puis rincez les tiges et les racines avant de les sécher pour les hacher grossièrement. Réservez la quantité de tiges et de racines nécessaire pour une recette et congelez le reste dans des bacs à glaçons.

Hachez la coriandre et la citronnelle, ciselez les feuilles de citron kaffir, émincez le gingembre et les piments.

Décortiquez les crevettes en laissant les queues intactes puis ajoutez-les dans le faitout.

Quand les crevettes ont changé de couleur, retirez la soupe du feu et incorporez la coriandre et le basilic.

4 PERS.

Préparation + cuisson **1 heure**

Soupe Tom Kha Kai

INGRÉDIENTS

750 ml de bouillon de poulet
4 cm de de galanga frais (20 g), émincé
2 blancs de citronnelle (40 g) coupés en tronçons de 5 cm
+ 1 petit blanc (20 g) en fines rondelles
4 feuilles de citron kaffir entières
+ 2 feuilles ciselées
2 c. à c. de coriandre (tiges et racines) hachée
500 g de blancs de poulet coupés en fines lamelles
200 g de champignons de Paris en boîte, rincés et égouttés
250 ml de lait de coco
1 c. à s. de jus de citron vert
1 c. à s. de sauce de poisson
1 c. à c. de sucre de palme râpé ou de sucre roux
1 petite poignée de feuilles de coriandre
2 piments oiseau rouges émincés

1. Mélangez dans un grand faitout le bouillon, le galanga, les tronçons de citronnelle, les feuilles entières de citron kaffir et la coriandre hachée (tiges et racines). Après l'ébullition, baissez le feu, couvrez et laissez frémir 5 minutes. Retirez la casserole du feu et attendez 10 minutes avant de filtrer le bouillon dans un tamis très fin (éventuellement tapissé d'une étamine).

2. Remettez le bouillon dans le faitout bien propre, ajoutez les lamelles de poulet et les champignons puis portez à ébullition ; laissez frémir 5 minutes à feu doux, sans couvrir. Quand le poulet est cuit, incorporez le lait de coco, le jus de citron vert, la sauce de poisson et le sucre. Mélangez bien sur le feu pour réchauffer la soupe sans la laisser bouillir.

3. Hors du feu, ajoutez les feuilles de coriandre, les feuilles de citron kaffir ciselées, les piments et les rondelles de citronnelle. Servez aussitôt.

ACTUCE DU CHEF

• *Ne laissez pas bouillir le lait de coco car la soupe prendrait une consistance peu appétissante. S'il vous reste du lait de coco, vous pouvez le conserver 1 semaine au réfrigérateur. Évitez cependant de le congeler car le lait risque de cailler à la cuisson.*
• *Le galanga est un rhizome à chair blanche, dont la saveur est plus délicate que celle du gingembre. La peau peut être blanche ou rosée selon les variétés. On les trouve dans les épiceries asiatiques.*
• *Vous y trouverez également les feuilles de citron kaffir et la coriandre fraîche avec les racines. Lavez ces dernières à l'eau froide avant de les émincer.*
• *Après avoir détaillé la citronnelle en bâtonnets, écrasez ces derniers avec le plat de la lame du couteau pour en exhaler l'arôme.*

Détaillez le galanga en tranches fines et la citronnelle en bâtonnets.

Ajoutez les feuilles de citron kaffir dans le bouillon en début de cuisson.

Rincez les champignons avant de les plonger dans le bouillon.

4 PERS.

Préparation + cuisson 1 heure

Soupe acidulée aux crevettes

INGRÉDIENTS

900 g de grosses crevettes crues
1 c. à s. d'huile végétale
1,5 litre d'eau
2 c. à s. de pâte de curry rouge (page 6)
2 c. à s. d'eau de tamarin (page 80, étape 1)
1 tige de citronnelle émincée
1 c. à c. de curcuma moulu
2 piments rouges frais épépinés et émincés
1 c. à s. de gingembre frais râpé
6 feuilles de citron kaffir détaillées en fines lanières
1 c. à c. de sucre de palme râpé ou de sucre roux
100 g de champignons shiitake nettoyés et coupés en deux
2 c. à s. de sauce de poisson
2 c. à s. de jus de citron vert
1 poignée de menthe vietnamienne fraîche ciselée
1 poignée de coriandre fraîche ciselée

1. Décortiquez les crevettes en laissant la queue intacte. Gardez les têtes et les carapaces.
2. Faites chauffer l'huile dans une grande casserole puis faites revenir a feu vif les têtes et les carapaces des crevettes jusqu'à ce qu'elles soient roses.
3. Ajoutez 250 ml de l'eau et la pâte de curry. Portez à ébullition en remuant sans cesse. Versez alors le reste de l'eau. Quand le mélange a bouilli une seconde fois, baissez le feu et laissez frémir 20 minutes, sans couvrir. Retirez du feu et passez le bouillon dans un tamis fin. Jetez les élements solides.
4. Rincez la casserole et remettez le bouillon dedans. Ajoutez l'eau de tamarin, la citronnelle, le curcuma, les piments, le gingembre, les feuilles de kaffir et le sucre. Faites bouillir 2 minutes puis baissez le feu. Ajoutez les champignons et laissez frémir 3 minutes. Incorporez enfin les crevettes. Prolongez la cuisson jusqu'à ce qu'elles changent de couleur, sans laisser bouillir. Retirez du feu pour verser la sauce de poisson et le jus de citron vert. Servez aussitôt après avoir saupoudré la soupe de menthe vietnamienne et de coriandre ciselées.

ASTUCES DU CHEF

• *Cette soupe offre un mélange d'acidité et de piquant conféré par le jus de citron vert, le piment et la pâte de curry. Contrairement à la plupart des soupes thaïlandaises, elle ne comporte pas de lait de coco. Moins douce au palais, elle fait le bonheur des amateurs de plats épicés.*

• *La menthe vietnamienne a un goût poivré très prononcé. On peut la remplacer par de la menthe commune mais la recette perdra en saveur. Essayez de vous en procurer dans les épiceries asiatiques. Achetez-en un beau bouquet et ciselez les feuilles non utilisées avant de les congeler dans de petits sacs alimentaires.*

Roulez les feuilles de kaffir avant de les découper en fines lanières.

Faites revenir les têtes et les carapaces des crevettes jusqu'à ce qu'elles rosissent.

Râpez le gingembre juste avant de l'ajouter dans la soupe.

4 PERS.

Préparation + cuisson **40 minutes** (+ marinade)

CURRYS

Curry vert de porc à l'ail mariné

INGRÉDIENTS

7 cm de gingembre frais haché
3 gousses d'ail en quartiers
1 oignon jaune haché
1 c. à c. de curcuma moulu
2 c. à s. de pâte de curry verte (page 6)
10 feuilles de citron kaffir ciselées
750 g de filet de porc en petits cubes
60 ml d'huile d'arachide
1 c. à s. de concentré de tamarin
250 ml d'eau bouillante
2 c. à s. de sauce de poisson
2 bulbes d'ail mariné bien égouttés et grossièrement hachés
2 c. à c. de sucre de palme râpé ou de sucre roux

1. Préparez au mixeur une pâte lisse et homogène avec le gingembre, l'ail frais, l'oignon, le curcuma, la pâte de curry et la moitié des feuilles de kaffir. Versez cette sauce sur les morceaux de porc, mélangez bien et laissez mariner 30 minutes au réfrigérateur.
2. Faites chauffer l'huile dans une grande sauteuse et faites revenir les cubes de viande avec la marinade. Mélangez dans une petite saucière le tamarin, l'eau et la sauce de poisson. Versez ce liquide sur la viande et laissez cuire 10 minutes sans couvrir.
3. Quand la viande est bien tendre, ajoutez l'ail mariné et le sucre ; laissez frémir 5 minutes en remuant de temps en temps. La sauce doit épaissir un peu.
4. Mettez le curry dans un grand plat et saupoudrez-le de feuilles de kaffir ciselées. Servez sans attendre avec du riz jasmin (page 68).

ASTUCES DU CHEF

• *Ce curry sera encore meilleur si vous le préparez la veille. Les arômes auront ainsi le temps de se développer. Réchauffez-le 30 minutes à feu doux (la sauce ne doit pas bouillir).*
• *Cette recette privilégie des saveurs acides, conférées par le gingembre, l'ail confit et le tamarin. Contrairement à la plupart des plats thaïs, elle ne comporte pas de lait de coco.*
• *Les feuilles de kaffir et les citrons du même arbre sont vendus dans les épiceries asiatiques. On peut les remplacer respectivement par de la citronnelle ou du citron vert mais la recette y perdra de sa saveur originale.*
• *Dans cette recette, il n'est pas nécessaire de peler le gingembre avant de le râper si le rhizome est très frais et jeune. Dans le cas contraire, grattez la peau avec la lame d'un couteau ou le côté d'une petite cuillère.*
• *L'ail mariné est ramassé très jeune, presque vert, et mis à mariner avec la peau dans une saumure à base de vinaigre et de sel. On peut le proposer en condiment pour accompagner nouilles et riz sautés ou le cuisiner dans une recette. Les Thaïlandais aiment quant à eux le grignoter en en-cas.*

Grattez le gingembre pour en ôter la peau avant de le râper.

Délayez le tamarin dans l'eau bouillante en remuant.

Hachez finement le bulbe d'ail confit sans séparer les gousses.

4 PERS.

Préparation + cuisson 40 minutes

Curry de porc au poivre vert

INGRÉDIENTS

2 c. à s. d'huile d'arachide
75 g de pâte de curry rouge (page 6)
750 g de filet de porc en lamelles
1 poignée de feuilles de basilic thaï
40 g de gingembre mariné
150 g d'aubergines thaïes (rondes) coupées en quatre
100 g de haricots verts en petits tronçons
250 g de pousses de bambou en boîte, rincés et égouttés
2 petites grappes de poivre vert mariné
2 feuilles de citron kaffir ciselées
1 litre de bouillon de légumes
4 piments oiseau rouges finement hachés

1. Faites chauffer l'huile dans une cocotte et faites revenir la pâte de curry.
2. Quand elle devient très odorante, ajoutez les lamelles de porc et laissez-les revenir 5 minutes pour qu'elles colorent des 2 côtés.
3. Réservez 4 grandes feuilles de basilic. Ajoutez le reste dans la cocotte avec le gingembre mariné, tous les légumes, les grains de poivre vert et les feuilles de citron kaffir. Remuez vivement puis mouillez avec le bouillon. Après l'ébullition, baissez le feu et laissez frémir 10 minutes sans couvrir jusqu'à ce que les légumes soient tendres. Incorporez les piments.
4. Présentez le curry dans un grand plat, décorez avec les feuilles de basilic réservées (ciselez-les grossièrement) et servez dans attendre.

ASTUCE DU CHEF

• *Petites et rondes, avec une peau verte et jaune, les aubergines thaïes se vendent dans les épiceries asiatiques. Enlevez la peau avant de les cuisiner car celle-ci est amère.*
• *Les currys thaïs préparés sans lait de coco ont une saveur plus puissante et sont généralement assez relevés. Adaptez la quantité de poivre et de gingembre en fonction de votre goût.*
• *Essayez de vous procurer du poivre vert de Thaïlande, dont le goût est plus authentique pour cette recette. Si vous l'achetez en grappe, il n'est pas nécessaire d'en détacher les grains avant de l'ajouter au curry.*
• *Les piments oiseau sont très forts. Pour une saveur moins relevée, retirez-en les graines avant de les émincer et réduisez au besoin la quantité si vous n'aimez pas les plats trop relevés.*

Hachez les piments en évitant d'ôter les graines.

4 PERS.

Préparation + cuisson 3 heures

Curry de bœuf massaman

INGRÉDIENTS

1 kg de hampe de bœuf en cubes
500 ml de bouillon de bœuf
5 gousses de cardamome écrasées
¼ de c. à c. de clous de girofle moulus
2 étoiles d'anis
1 c. à s. de sucre de palme râpé ou de sucre roux
2 c. à s. de sauce de poisson
3 c. à s. de concentré de tamarin
800 ml de lait de coco
8 petits oignons jaunes coupés en deux
1 patate douce en gros cubes
35 g de cacahuètes grillées concassées
2 oignons verts émincés

PÂTE DE CURRY MASSAMAN

20 piments rouges séchés
1 c. à c. de coriandre moulue
2 c. à c. de cumin moulu
2 c. à c. de cannelle moulue
½ c. à c. cardamome moulue
½ c. à c. de clous de girofle moulus
5 grosses gousses d'ail en quartiers
1 gros oignon jaune haché
2 blancs de citronnelle (40 g) hachés
3 feuilles de citron kaffir ciselées
4 cm de gingembre frais haché
2 c. à c. de pâte de crevettes
1 c. à s. d'huile d'arachide

1. Mettez dans un faitout les morceaux de bœuf, 375 ml de bouillon, les épices, le sucre, la sauce de poisson, 1 cuillerée à soupe de tamarin et 400 ml de lait de coco. Portez à ébullition, puis laissez frémir à tout petit feu pendant 1 h 30, sans couvrir. La viande doit être presque tendre.
2. Égouttez la viande au-dessus d'un grand saladier pour récupérer la sauce. Jetez la cardamome et les étoiles d'anis.
3. Préparez la pâte de curry massaman. Réservez-en 2 cuillerées à soupe pour la recette et gardez le reste au réfrigérateur, dans un bocal en verre bien fermé. Elle peut se conserver 1 semaine.
4. Nettoyez le faitout avant d'y faire revenir la pâte de curry. Quand elle embaume, versez le reste du lait de coco, du concentré de tamarin et du bouillon. Laissez bouillir 1 minute en remuant sans cesse pour que le mélange reste homogène, puis baissez le feu. Ajoutez alors les morceaux de bœuf bien égouttés, les oignons, la patate douce et 250 ml de liquide de cuisson du bœuf (réservé à l'étape 2). Laissez le curry cuire encore 30 minutes à feu moyen, sans couvrir.
5. Servez ce curry dans un grand plat, garni de cacahuètes concassées et de lamelles d'oignon vert.

PÂTE DE CURRY MASSAMAN

Préchauffez le four à 180 °C. Mettez les piments entiers dans un petit saladier, couvrez-les d'eau bouillante et laissez-les reposer 15 minutes avant de les égoutter. Pendant ce temps, poêlez à sec les épices moulues, jusqu'à ce que les arômes se libèrent. Mettez les piments bien égouttés et les épices grillées dans un petit plat, ajoutez le reste des ingrédients et faites rôtir 15 minutes au four. Mixez ce mélange pour obtenir une pâte homogène.

ASTUCES DU CHEF

• Les morceaux de bœuf à braiser doivent être attendris par une cuisson prolongée à feu doux. Évitez de faire bouillir la sauce car la viande durcirait et le lait de coco pourrait tourner. Si vous manquez de temps, préparez cette recette avec du bœuf à griller coupé en fines lamelles et réduisez la première cuisson à 30 minutes. Mais cette adaptation sera moins parfumée, la viande n'ayant pas eu le temps de s'imprégner des saveurs de la sauce.
• Vous pouvez faire griller à sec les cacahuètes (sans matière grasse et dans une poêle antiadhésive) avant de les incorporer au curry. Retirez la poêle du feu dès qu'elles commencent à brunir pour éviter qu'elles ne brûlent.
• La cardamome est une épice très parfumée, presque aussi chère que le safran. Elle se vend moulue mais son parfum est alors moins intense. Elle se présente sous la forme de petites capsules séchées vert pâle ou beiges. Pour en préserver tout le parfum, il vaut mieux moudre ces graines au moment de s'en servir. Dans cette recette, on se contentera d'écraser les gousses entières avec le plat d'une lame de couteau.

4 PERS.

Préparation + cuisson 35 minutes

Curry de poulet panang

INGRÉDIENTS

2 boîtes de 400 ml de lait de coco
75 g de pâte de curry panang (page 7)
2 c. à s. de sucre de palme râpé ou de sucre roux
2 c. à s. de sauce de poisson
2 feuilles de citron kaffir ciselées
2 c. à s. d'huile d'arachide
1 kg de filets de poulet dans la cuisse
100 g de haricots verts coupés en deux ou en trois
1 poignée de feuilles de basilic thaï
70 g de cacahuètes grillées et hachées
2 longs piments rouges en fines rondelles

1. Mélangez dans un grand wok le lait de coco, la pâte de curry, le sucre, la sauce de poisson et les feuilles de citron kaffir. Portez à ébullition, puis laissez frémir au moins 15 minutes, en remuant, pour que le mélange réduise des deux tiers.
2. Pendant ce temps, coupez le poulet en gros cubes et faites dorer les morceaux dans l'huile chaude, en procédant en plusieurs tournées pour que la viande soit saisie de tous les côtés. Égouttez-la ensuite sur du papier absorbant.
3. Ajoutez le poulet dans le wok avec les haricots verts et la moitié du basilic. Poursuivez la cuisson pendant 5 minutes, sans couvrir mais en remuant de temps en temps. Les haricots doivent être juste tendres et le poulet cuit à point.
4. Servez le curry dans un grand plat, décoré de cacahuètes, de rondelles de piment et du reste du basilic.

ASTUCES DU CHEF

• Ce curry est meilleur si on le prépare au dernier moment. Pour gagner du temps, vous pouvez préparer la pâte de curry à l'avance car elle se garde à peu près 1 semaine au réfrigérateur, dans un récipient fermé.
• Dégraissez le plus possible la viande avant de la faire cuire. Choisissez de préférence des filets dans la cuisse, moins secs et plus savoureux que les blancs de poulet.
• Le curry panang est une variante moins épicée de la pâte de curry rouge. Développant des arômes très riches mais adoucis par une saveur légèrement sucrée (grâce au lait de coco), c'est une excellente introduction à la cuisine thaïe.
• La sauce de poisson est un ingrédient typique de la cuisine asiatique. On l'appelle « nahm pla » en thaïlandais. Cette sauce étant très salée, goûtez le plat avant de rectifier l'assaisonnement ou d'augmenter les quantités.
• Le basilic thaï présente des feuilles plus petites que le basilic commun et il possède un délicat arôme d'anis. On le trouve dans les épiceries asiatiques. Vous pouvez le remplacer par une variété plus courante.

Si vous congelez les feuilles de kaffir, chassez l'air du sac alimentaire.

Vous pouvez râper le sucre de palme ou le piler dans un mortier.

Faites griller à sec les cacahuètes avant de les ajouter au curry.

4 PERS.

Préparation + cuisson 15 minutes

Curry vert de poulet

INGRÉDIENTS

75 g de pâte de curry verte (page 6)
800 ml de lait de coco en boîte
2 feuilles de citron kaffir ciselées grossièrement
2 c. à s. d'huile d'arachide
1 kg de filets de poulet dans la cuisse
2 c. à s. de sauce de poisson
2 c. à s. de jus de citron vert
1 c. à s. de sucre de palme râpé ou de sucre roux
150 g d'aubergines sauvages coupées en quatre
1 petite courgette coupée en tronçons de 5 cm
1 poignée de feuilles de basilic thaï
1 petite poignée de coriandre (feuilles et tiges) hachée très fin + quelques feuilles ciselées
1 long piment vert en fines rondelles
2 oignons verts émincés

1. Faites revenir la pâte de curry dans une grande casserole jusqu'à ce qu'elle embaume. Ajoutez le lait de coco et les feuilles de citron kaffir, portez à ébullition puis laissez frémir 5 minutes en remuant sans cesse.
2. Coupez les filets de poulet en morceaux et faites-les revenir à la poêle, dans l'huile bien chaude. Quand ils sont dorés des deux côtés, égouttez-les sur du papier absorbant.
3. Mettez-les dans la casserole avec la sauce de poisson, le jus de citron vert, le sucre et les quartiers d'aubergine. Couvrez et laissez 5 minutes jusqu'à ce que les aubergines soient tendres et le poulet cuit à point. Ajoutez alors la courgette, le basilic et la coriandre hachée. Poursuivez la cuisson en remuant, jusqu'à ce que la courgette soit juste tendre.
4. Présentez le curry dans un plat de service, saupoudré de feuilles de coriandre ciselées, de rondelles de piment et d'oignon vert.

ASTUCES DU CHEF

• *Dégraissez le plus possible la viande avant de la faire cuire. Choisissez de préférence des filets dans la cuisse, moins secs et plus savoureux que les blancs de poulet.*
• *Une technique toute simple pour prélever le maximum de jus des citrons verts : laissez ces derniers au moins 30 minutes à température ambiante (si vous les conservez au réfrigérateur). Juste avant de les presser, roulez-les sur le plan de travail en appuyant fermement avec la paume de la main.*
• *Les aubergines sauvages sont vendues dans les épiceries asiatiques et les magasins spécialisés. Un peu plus grosses que des petits pois, elles se présentent en grappes. Si vous trouvez leur goût trop amer, vous pouvez les remplacer par des petits pois frais.*

Faites revenir la pâte de curry dans une grande casserole puis ajoutez le lait de coco.

Coupez les filets de poulet en morceaux et faites-les revenir à la poêle, dans l'huile chaude.

À la fin de la cuisson, ajoutez les courgettes, le basilic et la coriandre hachée.

4 PERS.

Préparation + cuisson 30 minutes

Curry rouge de canard

INGRÉDIENTS
75 g de pâte de curry rouge (page 6)
400 ml de lait de coco
125 ml de bouillon de poulet
1 c. à s. de sauce de poisson
1 c. à s. de jus de citron vert
2 feuilles de citron kaffir
1 petit bouquet de basilic thaï
1 canard au barbecue chinois coupé en 12 morceaux
550 g de litchis en boîte égouttés
250 g de pousses de bambou en boîte rincées et égouttées
3 piments rouges frais détaillés en fines rondelles

1. Faites chauffer la pâte de curry dans une sauteuse jusqu'à ce qu'elle embaume. Versez alors le lait de coco, puis le bouillon, le jus de citron vert et la sauce de poisson, en remuant sans cesse pour obtenir un mélange homogène. Ajoutez les feuilles de kaffir et portez à ébullition. Baissez le feu et laissez mijoter 5 minutes, en remuant.
2. Réservez 8 feuilles de basilic pour décorer. Ajoutez le reste dans la cocotte avec les morceaux de canard, les litchis et les pousses de bambou. Laissez frémir 5 minutes en remuant de temps en temps. La viande doit être chaude et tendre.
3. Présentez le curry dans un plat de service. Garnissez de rondelles de piment et de feuilles de basilic réservées. Servez aussitôt.

ASTUCES DU CHEF
• *La cuisine thaïe joue de quatre harmonies : sucré, salé, épicé et acide, avec en contrepoint une discrète note d'amertume. Ce curry en est une parfaite illustration, avec une combinaison intéressante de sucré (lait de coco et litchis), salé (sauce de poisson), épicé (piments) et acide (jus de citron vert). Selon les préférences, on pourra augmenter les quantités de tel ou tel ingrédient pour modifier la tonalité de ce plat.*
• *Le canard au barbecue est une recette chinoise typique. La viande est mise à mariner puis rôtie dans un récipient couvert pendant 2 heures. Ce mode de cuisson s'applique également au porc. Vous trouverez du canard au barbecue tout prêt dans les épiceries asiatiques. À défaut, préparez ce curry avec un canard rôti. Vous pouvez également acheter 2 magrets de canard que vous découperez en fines lamelles et ferez revenir à feu vif dans un wok avant de les incorporer au curry.*
• *En saison, préparez ce curry avec des litchis frais, moins sucrés que les fruits en conserve. 12 litchis suffiront pour cette recette.*
• *Quand vous portez à ébullition le mélange au lait de coco, ne couvrez pas la casserole car le liquide risque de déborder. Remuez constamment pour que le mélange reste homogène. Une cuisson trop forte peut conduire à une dissociation des ingrédients : une couche d'huile se forme alors à la surface du curry.*

Utilisez un sécateur de cuisine pour découper le canard.

Incorporez la pâte de curry au lait de coco en remuant.

4 PERS.

Préparation + cuisson **40 minutes**

Curry jaune de poisson et pommes de terre

INGRÉDIENTS

8 petites pommes de terre à chair ferme épluchées et coupées en deux
400 ml de lait de coco
2 c. à s. de pâte de curry jaune (page 7)
60 ml de bouillon de poisson
2 c. à s. de sauce de poisson
1 c. à s. de jus de citron vert
1 c. à s. de sucre de palme râpé ou de sucre roux
800 g de filet de poisson à chair ferme coupé en cubes
4 oignons verts émincés
20 g de coriandre fraîche grossièrement ciselée
1 piment rouge émincé
quelques feuilles de coriandre entières pour décorer

1. Faites cuire les pommes de terre à l'eau ou à la vapeur puis égouttez-les.
2. Pendant la cuisson des pommes de terre, versez la moitié du lait de coco dans une casserole et portez à ébullition. Après le premier bouillon, laissez frémir pour faire réduire le liquide de moitié. Ajoutez la pâte de curry en remuant et prolongez la cuisson de 1 minute jusqu'à ce que le mélange embaume. Versez le reste du lait de coco, le bouillon de poisson, la sauce de poisson, le jus de citron vert et le sucre, en remuant sans cesse.
3. Quand le sucre est dissous, incorporez les morceaux de poisson et les pommes de terre dans la casserole. Faites cuire 3 minutes en remuant de temps en temps. Quand le poisson est cuit, retirez la casserole du feu et ajoutez les oignons verts et la coriandre ciselée.
4. Présentez le curry dans un plat de service, décorez de lamelles de piment et de feuilles de coriandre. Servez très chaud.

ASTUCE DU CHEF

• La pâte de curry jaune a une saveur très douce. Comportant du curcuma, elle se rapproche du curry indien.
• Après réduction du lait de coco, une couche d'huile va se former à la surface ; retirez-la délicatement avec une cuillère pour alléger la recette.
• Choisissez un poisson à chair ferme contenant peu d'arêtes (enlevez celles qui restent avec une pince à épiler). Ne le faites pas cuire trop longtemps car il se déferait à la chaleur et le plat ne serait plus présentable. Ajoutez-le dans la casserole au dernier moment.
• Préparez du bouillon de poisson en quantité importante et congelez des petites portions.

Retirez les arêtes du poisson avec une pince à épiler.

Ne râpez que la quantité de sucre de palme dont vous avez besoin.

Faites réduire le lait de coco avant d'incorporer le reste des ingrédients.

4 PERS.

Préparation + cuisson 35 minutes

Curry rouge de poisson aux aubergines sauvages

INGRÉDIENTS

500 g de poisson blanc
1 gousse d'ail coupée en quatre
1 c. à s. de coriandre hachée (tiges et racines)
1 c. à s. de sauce soja
1 c. à s. de Maïzena®
2 c. à c. d'huile d'arachide
2 c. à s. de pâte de curry rouge (page 6)
400 ml de lait de coco en boîte
60 g d'aubergines sauvages
2 c. à c. de sucre de palme râpé ou de sucre roux
1 c. à s. de jus de citron vert
1 c. à s. de sauce de poisson
2 oignons verts émincés
40 g de germes de soja
2 longs piments rouges émincés
1 poignée de feuilles de coriandre

1. Coupez le poisson en gros morceaux avant de le mixer avec l'ail, la coriandre hachée, la sauce soja et la Maïzena®. Vous devez obtenir une pâte homogène que vous façonnez en 8 boulettes.
2. Versez l'huile dans une grande casserole et faites revenir la pâte de curry jusqu'à ce qu'elle embaume. Ajoutez le lait de coco et portez à ébullition, en remuant constamment. Plongez les boulettes de poisson et les aubergines dans ce liquide, baissez aussitôt le feu et laissez frémir 5 minutes, sans couvrir. Quand les boulettes sont cuites, incorporez le sucre, le jus de citron vert et la sauce de poisson. Mélangez pour dissoudre le sucre, puis ajoutez les oignons verts.
3. Servez ce curry dans un grand plat, garni de germes de soja, de rondelles de piment et de feuilles de coriandre.

ASTUCES DU CHEF

Les aubergines sauvages ont la taille d'un gros pois et se présentent en grappes touffues d'une quinzaine de baies. Mangées seules, elles ont un goût assez amer mais qui permet de compenser agréablement la richesse de certains currys au goût sucré et doux. On les trouve fraîches ou conservées dans la saumure, même si les premières sont préférables aux secondes car leur amertume est plus franche. La plupart des épiceries asiatiques en proposent.

4 PERS.

Préparation + cuisson 50 minutes

Curry jaune aux fruits de mer

INGRÉDIENTS

500 g de blancs d'encornet
400 g de poisson blanc
8 crevettes moyennes crues
8 petites moules
12 noix de pétoncles
1 c. à c. de pâte de crevettes
1 c. à s. d'huile d'arachide
2 c. à s. de pâte de curry jaune (page 7)
2 gousses d'ail pilées
2 cm de gingembre frais râpé
1 oignon jaune en tranches épaisses
1 blanc de citronnelle (20 g) haché
1 long piment rouge frais haché
12 aubergines thaïes (rondes) coupées en quartiers
250 ml de bouillon de poisson
400 ml de lait de coco en boîte
3 feuilles de citron kaffir ciselées
1 c. à s. de sucre de palme râpé ou de sucre roux
1 poignée de coriandre fraîche
2 c. à s. de jus de citron vert
2 piments oiseau rouges émincés

1. Détaillez les blancs d'encornet en lanières de 1,5 cm et le poisson en cubes de 3 cm de côté. Décortiquez les crevettes en laissant les queues intactes. Grattez les moules et retirez les barbes.
2. Enveloppez la pâte de crevettes dans du papier d'aluminium et faites-la chauffer dans un wok pour libérer tous les parfums. Enlevez le papier et mettez la pâte de crevettes dans le wok avec l'huile et la pâte de curry. Mélangez bien.
3. Ajoutez l'ail, le gingembre, l'oignon, la citronnelle et le piment haché. Laissez revenir quelques minutes en remuant, jusqu'à ce que l'oignon soit tendre. Mettez les morceaux d'aubergine dans le wok. Quand ils ont cuit 2 minutes, versez le bouillon et le lait de coco, mélangez vivement, puis ajoutez les feuilles de kaffir et le sucre. Remuez encore une fois, puis portez le liquide à ébullition. Laissez-le ensuite frémir 10 minutes à feu doux, en remuant de temps en temps.
4. Pochez le poisson 3 minutes dans ce liquide avant d'ajouter le reste des fruits de mer pour les faire cuire 5 minutes à couvert. Les moules doivent toutes s'ouvrir et les fruits de mer doivent avoir pris une teinte opaque (encornets et pétoncles) ou franchement rose (crevettes). Retirez alors le wok du feu pour incorporer la coriandre et le jus de citron vert.
5. Présentez le curry dans un plat, saupoudré de rondelles de piment. Servez sans attendre.

ASTUCE DU CHEF

Le citron kaffir est un fruit de la famille du citron. On utilise parfois son zeste dans les pâtes de curry mais la cuisine thaïe fait surtout un emploi très large de ses feuilles, que vous trouverez facilement dans les épiceries asiatiques. Elles sont meilleures fraîches que sèches, mais elles gardent toute leur saveur quand on les congèle. À défaut, vous pouvez les remplacer par un peu de zeste de citron vert (comptez ½ cuillerée à café de zeste pour 1 feuille de kaffir).

Ôtez la peau des aubergines puis détaillez-les en quatre.

Enveloppez un morceau de pâte de crevettes dans du papier d'aluminium.

4 PERS.

Préparation + cuisson
30 minutes
(+ trempage)

WOK

Canard sauté au tamarin

INGRÉDIENTS
25 g de pulpe de tamarin séchée
125 ml d'eau bouillante
6 cm de gingembre frais pelé
1 c. à s. d'huile d'arachide
2 gousses d'ail pilées
2 longs piments rouges hachés
1 gros canard laqué découpé en 12 morceaux
1 poivron rouge en fines lanières
60 ml de bouillon de poulet
2 c. à s. de sauce d'huître
1 c. à s. de sauce de poisson
2 c. à s. de sucre de palme râpé ou de sucre roux
2 minibok choy coupés en quatre
100 g de pois gourmands coupés en deux ou en trois
8 oignons verts en tronçons de 5 cm
1 poignée de coriandre fraîche

1. Faites tremper la pulpe de tamarin 30 minutes dans l'eau bouillante, puis passez-la dans un tamis fin, au-dessus d'un bol, en pressant dessus avec le dos d'une cuillère pour récupérer le maximum de jus. Jetez les résidus solides.
2. Découpez le gingembre en bâtonnets très fins.
3. Faites chauffer l'huile dans un wok et faites revenir à feu vif le gingembre avec l'ail et le piment. Quand le mélange embaume, ajoutez les morceaux de canard et le poivron. Remuez vivement pour que le poivron cuise et que la viande soit bien chaude et dorée de tous les côtés.
4. Versez alors le bouillon, la sauce d'huître, la sauce de poisson, le sucre et le jus de tamarin. Portez à ébullition et laissez bouillir 1 minute.
5. Baissez le feu, ajoutez le bok choy et poursuivez la cuisson jusqu'à ce que ce dernier soit juste flétri. Incorporez alors les pois gourmands et les oignons verts. Retirez le wok du feu quand ces derniers sont cuits mais encore croquants. Ajoutez enfin la coriandre, mélangez rapidement et servez sans attendre.

ASTUCES DU CHEF
• Le canard laqué est une recette chinoise typique. La viande est mise à mariner puis rôtie dans un récipient couvert pendant 2 heures. Ce mode de cuisson s'applique également au porc. Vous trouverez du canard laqué dans les épiceries asiatiques. À défaut, préparez cette recette avec un canard rôti. Ou bien, découpez 2 magrets de canard en fines lamelles et faites-les revenir à feu vif dans un wok.
• Le tamarin est un fruit tropical très acide qui ressemble à un gros haricot. Il est vendu séché (souvent compressé en petits blocs) et doit être réhydraté dans de l'eau bouillante. On filtre le liquide obtenu en le pressant dans un tamis pour extraire le maximum de pulpe.
• Le bok choy est une variété de chou chinois possédant de larges feuilles lisses et une carde blanche et rigide. Les feuilles ont un goût proche de celui du chou commun tandis que les cardes ont une saveur plus sucrée. Le minibok choy est plus fin ; une cuisson rapide au wok permet de lui garder tout son croquant.

Récupérez la pulpe de tamarin en grattant le tamis avec une cuillère.

Découpez le gingembre en tranches puis en bâtonnets fins.

4 PERS.

Préparation + cuisson **30 minutes**

Bœuf au gingembre

INGRÉDIENTS

30 g de gingembre frais
2 c. à s. d'huile végétale
600 g de rumsteck détaillé en fines lamelles
2 gousses d'ail pilées
120 g de haricots verts coupés en deux
8 oignons verts coupés en tronçons de 5 cm
2 c. à c. de sucre de palme râpé ou de sucre roux
2 c. à c. de sauce d'huître
1 c. à s. de sauce de poisson
1 c. à s. de sauce soja
1 poignée de basilic thaï

1. Pelez le gingembre puis détaillez-le en fins bâtonnets.
2. Faites chauffer la moitié de l'huile dans un wok puis faites revenir le bœuf à feu vif pour qu'il brunisse de toutes parts. Réservez au chaud.
3. Faites chauffer le reste de l'huile dans le wok puis faites revenir le gingembre et l'ail jusqu'à ce qu'ils embaument. Ajoutez les haricots verts et prolongez la cuisson jusqu'à ce qu'ils soient cuits mais encore un peu croquants.
4. Remettez le bœuf dans le wok avec les oignons verts, le sucre et les sauces. Mélangez sur le feu pour que le sucre soit dissous et la viande très chaude puis retirez du feu et incorporez le basilic. Mélangez une dernière fois avant de servir.

ACTUCE DU CHEF

• *Mettez le bœuf 30 minutes au congélateur : plus ferme, la viande se découpera plus facilement.*
• *Faites cuire le bœuf en plusieurs fois pour que l'huile reste chaude et que la viande soit juste saisie. Elle finira de cuire quand vous la remettrez dans le wok après avoir fait revenir le reste des ingrédients.*
• *Pour réussir la cuisson au wok, veillez à ce que celui-ci soit très chaud. Faites chauffer l'huile à feu vif, faites tourner le wok sur le feu pour répartir l'huile au fond puis faites sauter les aliments en plusieurs fois et toujours à feu vif, en remuant sans cesse.*
• *Vous pouvez remplacer le gingembre par du galanga frais, plus fort en goût, avec une saveur citronnée assez marquée.*
• *Le basilic thaï présente des feuilles plus petites que le basilic commun et il possède un délicat arôme d'anis. Vous pouvez le remplacer par une variété plus courante.*
• *Pour une recette plus authentique, procurez-vous dans les épiceries des haricots kilomètres, une variété chinoise qui mesure 40 cm de long.*

Faites raffermir la viande 30 minutes au congélateur avant de la découper.

Si vous utilisez des haricots kilomètres, coupez-les en tronçons de 5 cm de long.

4 PERS.

Préparation + cuisson 35 minutes

Bœuf croustillant aux nouilles fraîches

INGRÉDIENTS

750 g de bœuf bouilli
1 kg de nouilles de riz fraîches assez larges
60 ml d'huile d'arachide
3 gousses d'ail pilées
3 piments oiseau rouges émincés
4 tiges d'oignon vert ciselées
2 c. à s. de sauce de poisson
65 g de sucre de palme râpé
1 bouquet de coriandre fraîche

1. Mettez les nouilles à tremper dans un saladier d'eau bouillante pour les assouplir, puis séparez-les délicatement à la fourchette avant de les égoutter.
2. Dégraissez le bœuf bouilli avant de l'effilocher à la fourchette pour obtenir des petits morceaux très fins. Faites-le ensuite dorer vivement au wok dans l'huile très chaude, en procédant en plusieurs tournées ; il doit être doré et très croustillant. Égouttez-le sur du papier absorbant.
3. Retirez l'huile du wok en en gardant seulement 1 cuillerée à soupe pour y faire revenir l'ail, les piments et les tiges d'oignon vert. Versez la sauce de poisson et le sucre, remuez bien pour dissoudre ce dernier, puis remettez le bœuf dans le wok. Ajoutez aussi les nouilles et réchauffez le tout à feu vif, en remuant sans cesse. Ciselez grossièrement la coriandre avant d'en parsemer les nouilles sautées. Servez sans attendre.

ASTUCES DU CHEF

• Pour obtenir une viande plus parfumée, ajoutez dans l'eau de cuisson des piments, de l'ail et des feuilles de citron kaffir. Choisissez une viande pas trop grasse et baissez le feu dès les premiers bouillons. Une cuisson trop forte rendrait la viande trop ferme.
• Achetez les nouilles de riz fraîches sous vide dans les épiceries asiatiques. Il n'est pas toujours facile de s'y retrouver car elles portent des noms qui peuvent varier d'un pays à l'autre, selon leur origine : ho fun, sen yau, pho ou kway tiau. On peut aussi acheter des feuilles entières pliées que l'on découpe en rubans plus ou moins larges selon ses besoins ou ses préférences. Si vous préférez les nouilles plus fines, réduisez le temps de trempage.
• Si les bulbes des oignons verts sont trop gros, coupez-les en tranches très fines.

Détaillez les bulbes des oignons en tranches très fines.

Séparez les nouilles quand elles sont encore chaudes.

Effilochez le bœuf en vous aidant de deux fourchettes.

4 PERS.

Préparation + cuisson 45 minutes

Porc sauté aux aubergines

INGRÉDIENTS

3 piments oiseau rouges coupés en deux
6 gousses d'ail coupées en quatre
1 oignon jaune émincé
500 g de mini-aubergines
2 c. à s. d'huile d'arachide
500 g de porc haché
1 c. à s. de sauce soja
1 c. à s. de sucre de palme râpé ou de sucre roux
4 échalotes thaïes émincées
150 g de haricots verts en tronçons de 5 cm
1 grosse poignée de basilic thaï

1. Pilez dans un mortier les piments, l'ail et l'oignon pour obtenir une pâte.
2. Coupez les aubergines en quatre dans la longueur, puis recoupez chaque quartier en tronçons de 5 cm. Faites-les cuire à l'eau bouillante jusqu'à ce qu'elles soient juste tendres ; égouttez-les et séchez-les avec du papier absorbant.
3. Faites chauffer l'huile dans un wok et faites-y colorer les aubergines à feu vif, en procédant en plusieurs tournées pour qu'elles soient bien dorées. Égouttez-les sur du papier absorbant.
4. Faites revenir la pâte aux piments pendant 5 minutes dans le wok. Ajoutez la viande et laissez-la cuire assez longtemps pour qu'elle se colore. Versez les sauces et le sucre, mélangez bien pour dissoudre le sucre, puis jetez les échalotes et les haricots dans le wok, et poursuivez la cuisson jusqu'à ce qu'ils soient tendres.
5. Remettez les aubergines dans le wok pour les réchauffer, en mélangeant délicatement. Incorporez le basilic et servez sans attendre.

ACTUCE DU CHEF

• Inutile de faire dégorger les aubergines dans le sel car elles sont saisies dans le wok. Le peu de liquide qu'elles vont rendre empêchera la viande d'être trop sèche.
• C'est le mélange haché de piment, d'ail et d'oignon qui donne à ce plat toute sa saveur. Il n'est pas nécessaire de hacher trop finement ces ingrédients.
• Les échalotes thaïes ont un goût semblable à celui des échalotes communes. Vous pouvez donc les remplacer sans problème.

Coupez en morceaux l'ail, les piments et l'oignon avant de les piler.

Pelez les échalotes puis émincez-les.

Coupez les aubergines en quatre puis recoupez-les en deux.

4 PERS.

Préparation + cuisson 35 minutes

Poulet sauté au basilic

INGRÉDIENTS

2 c. à s. d'huile d'arachide
600 g de blancs de poulet émincés
2 gousses d'ail pilées
1 cm de gingembre frais râpé
4 piments oiseau rouges émincés
4 feuilles de citron kaffir ciselées
1 oignon jaune émincé
100 g de champignons de Paris coupés en quatre
1 grosse carotte en tranches fines
60 ml de sauce d'huître
1 c. à s. de sauce soja
1 c. à s. de sauce de poisson
80 ml de bouillon de poulet
80 g de germes de soja
1 poignée de feuilles de basilic thaï

1. Faites sauter le poulet au wok dans la moitié de l'huile, en procédant en plusieurs tournées pour qu'il soit doré de toutes parts. Réservez au chaud.
2. Faites revenir au wok dans le reste de l'huile l'ail, le gingembre, les piments, les feuilles de citron kaffir et l'oignon. Quand l'oignon est tendre et que le mélange est bien parfumé, ajoutez les champignons et la carotte. Poursuivez la cuisson jusqu'à ce que cette dernière soit fondante.
3. Remettez le poulet dans le wok avec la sauce soja, la sauce de poisson et le bouillon. Laissez sur le feu jusqu'à ce que le liquide ait légèrement épaissi. Incorporez hors du feu les germes de soja et le basilic.

ASTUCES DU CHEF

• Si vous n'aimez pas les saveurs trop puissantes, épépinez les piments avant de les émincer et réduisez leur quantité pour cette recette.
• Le basilic thaï présente les feuilles plus petites que celles du basilic commun et il possède un délicat arôme d'anis. Vous pouvez le remplacer par une variété plus courante.
• Les feuilles de citron kaffir sont largement utilisées dans la cuisine thaïe. Elles sont vendues fraîches dans les épiceries asiatiques. On peut les congeler dans de petits sacs alimentaires.

Faites sauter le poulet au wok en procédant en plusieurs tournées.

Faites sauter l'ail, le gingembre, les piments, les feuilles de kaffir et l'oignon.

Quand l'oignon est tendre, ajoutez les champignons et la carotte, puis remettez le poulet avec les sauces et le bouillon.

4
PERS.

Préparation
+ cuisson
30 minutes

Poulpes sautés au basilic thaï

INGRÉDIENTS
1 kg de petits poulpes
2 c. à c. d'huile d'arachide
2 c. à c. d'huile de sésame
2 gousses d'ail pilées
2 piments oiseau rouges émincés
2 gros poivrons en fines lanières
6 oignons verts en tronçons de 2 cm
1 petite poignée de feuilles de coriandre fraîche
60 ml de sauce de poisson
65 g de sucre de palme râpé ou de sucre roux
1 c. à s. de kecap manis

1. Nettoyez les petits poulpes et videz-les. Coupez-les en deux, puis rincez-les à l'eau froide. Égouttez-les bien.
2. Faites-les revenir en plusieurs tournées au wok dans l'huile d'arachide très chaude jusqu'à ce qu'ils aient bruni de tous les côtés. Gardez-les au chaud.
3. Versez l'huile de sésame dans le wok et faites sauter l'ail, les piments et les poivrons en lanières. Quand les poivrons sont tendres, remettez les poulpes dans le wok avec le reste des ingrédients. Réchauffez vivement le tout à feu vif, en remuant pour dissoudre le sucre. Servez aussitôt.

ASTUCES DU CHEF
• *Le basilic thaï présente les feuilles plus petites que celles du basilic commun et il possède un délicat arôme d'anis. On le trouve dans les épiceries asiatiques. Vous pouvez le remplacer par une variété plus courante.*
• *L'huile doit être très chaude pour que les poulpes soient saisis. Dans le cas contraire, ils vont rendre de l'eau et seront moins savoureux.*
• *Le kecap manis est une sauce soja indonésienne épaisse et sucrée. Vous la trouverez en grande surface. Si vous la remplacez par une sauce soja classique, ajoutez 1 cuillerée à soupe de sucre.*

Coupez les tentacules de poulpes pour les séparer des corps.

Détaillez les tiges d'oignons verts en tronçons réguliers.

4 PERS.

Préparation + cuisson
30 minutes
(+ marinade)

Crevettes sautées et l'ail et à la coriandre

INGRÉDIENTS

1 kg de crevettes moyennes crues
2 c. à c. de coraindre (racines et tiges) hachée
2 c. à c. de graines de coriandre séchées
1 c. à c. de grains de poivre vert séchés
4 gousses d'ail en quartiers
2 c. à s. d'huile d'arachide
80 g de germes de soja
1 c. à s. de feuilles de coriandre fraîche hachées + quelques feuilles entières
1 c. à s. d'échalotes frites
1 c. à s. d'ail frit

1. Décortiquez les crevettes en laissant les queues intactes.
2. Pilez dans un mortier les tiges et les racines de coriandre avec les épices et l'ail. Mettez cette pâte dans un grand plat avec les crevettes et la moitié de l'huile, mélangez bien pour enrober les crevettes de marinade. Couvrez et laissez mariner au moins 3 heures au réfrigérateur.
3. Faites chauffer le reste de l'huile dans un wok et faites revenir les crevettes en plusieurs fois. Hors du feu, ajoutez les germes de soja et la coriandre hachée. Servez saupoudré d'échalotes frites, d'ail frit et de feuilles de coriandre.

ASTUCE DU CHEF

Ail et échalote frits sont disponibles dans les épiceries asiatiques. Vous pouvez aussi les préparer vous-même. Émincez dans la longueur en tranches très fines au moins 1 tasse d'échalotes ou d'ail puis faites-les frire dans de l'huile très chaude, dans une poêle ou un wok, en remuant sans cesse jusqu'à coloration. Dès que les tranches sont croustillantes et dorées, retirez-les de l'huile et égouttez-les sur du papier absorbant ; conservez-les dans un récipient hermétique.

Pilez dans un mortier les tiges et les racines de coriandre, les graines de coriandre, le poivre vert et l'ail.

Vous trouverez de l'ail de l'échalote frits dans les épiceries asiatiques.

Ciselez une partie de la coriandre et gardez les feuilles restantes.

4 PERS. | Préparation + cuisson 40 minutes

Fruits de mer sautés au basilic

INGRÉDIENTS

200 g de poisson blanc
200 g de moules
250 g de grosses crevettes crues
100 g de noix de saint-jacques
1 blanc d'encornet (100 g)
2 gousses d'ail pilées
1 c. à s. de racine de coriandre fraîche hachée
1 gros piment rouge émincé
2 c. à s. d'huile d'arachide
2 c. à s. de sauce d'huître
2 c. à s. de sauce de poisson
1 poivron rouge en fines lanières
8 oignons verts hachés
1 poignée de basilic ciselé

1. Détaillez le poisson en cubes de 3 cm de côté. Grattez les moules et retirez les barbes. Décortiquez les crevettes en gardant les queues intactes. Rincez les noix de saint-jacques et séchez-les avec du papier absorbant. Découpez le blanc d'encornet en carrés de 6 cm de côté que vous entaillez en losanges avec la pointe d'un couteau.
2. Pilez dans un mortier l'ail, la coriandre et le piment pour obtenir une pâte que vous faites revenir 1 minute au wok dans l'huile très chaude.
3. Ajoutez tous les fruits de mer et saisissez-les rapidement à feu vif.
4. Versez la sauce d'huître et la sauce de poisson, ajoutez les lanières de poivron et terminez la cuisson à feu vif, en remuant pendant 2 minutes.
5. Parsemez d'oignons verts et de basilic ciselé avant de servir.

ASTUCE DU CHEF

• *Vérifiez que l'huile soit assez chaude avant d'ajouter les fruits de mer et le poisson. Ils doivent cuire très rapidement. Surveillez la cuisson pour éviter que le filet de poisson ne se défasse.*

• *L'encornet est utilisé couramment dans la cuisine thaïe. On le prépare en salade avec des mangues vertes râpées, on peut aussi le farcir pour le servir en entrée, le faire griller avec des épices et aromates ou le préparer au wok avec d'autres fruits de mer. Certaines recettes traditionnelles l'accommodent aussi avec du porc, mais la plupart des préparations ont recours au poivre ou au piment pour rehausser la douceur de sa chair.*

Incisez l'encornet en formant de petits losanges.

4 PERS.

Préparation + cuisson 30 minutes

Moules au basilic et à la citronnelle

INGRÉDIENTS

1 kg de grosses moules
1 c. à s. d'huile d'arachide
1 oignon jaune émincé
2 gousses d'ail pilées
1 blanc de citronnelle (20 g) haché
1 piment oiseau rouge haché très fin + 1 autre en rondelles fines
250 ml de vin blanc sec
le jus de 1 citron vert
2 c. à s. de sauce de poisson
1 poignée de basilic thaï
125 ml de lait de coco
2 oignons verts émincés

1. Grattez les moules sous l'eau froide et retirez les barbes.
2. Faites revenir au wok dans l'huile très chaude l'oignon, l'ail, la citronnelle et le piment haché, jusqu'à ce que le mélange embaume.
3. Versez le vin, le jus de citron vert et la sauce de poisson, puis portez à ébullition. Ajoutez les moules, baissez le feu, couvrez et laissez frémir 5 minutes en agitant vivement le wok à plusieurs reprises. Les moules doivent être bien ouvertes (jetez celles qui sont restées fermées).
4. Ciselez finement la moitié du basilic et ajoutez-le dans le wok, avec le lait de coco. Laissez le wok sur le feu jusqu'à ce que le liquide soit bien chaud. Répartissez les moules avec la sauce au lait de coco dans des grands bols et garnissez-les de rondelles de piment, d'oignon vert et du reste du basilic.

ASTUCES DU CHEF

• *Si les moules de bouchot peuvent convenir pour cette recette, il est préférable de la préparer avec les moules d'Espagne, plus grosses. Pendant la cuisson, secouez vivement la cocotte à plusieurs reprises pour que toutes les moules s'ouvrent.*
• *Achetez les moules le jour même et gardez-les au réfrigérateur dans un grand plat recouvert d'un torchon humide.*
• *Conservez le lait de coco non utilisé au réfrigérateur. Il peut se garder 1 semaine. Évitez toutefois de le congeler car il risque de cailler à la cuisson.*

Grattez les moules avec le couteau pour nettoyer les coquilles.

Retirez les barbes en tirant fermement dessus.

Jetez toutes les moules qui sont restées fermées après la cuisson.

4 PERS.

Préparation + cuisson
30 minutes
(+ marinade)

Poisson vapeur en feuille de bananier

INGRÉDIENTS

4 daurades entières (1 kg)
1 grande feuille de bananier
4 piments oiseau rouges émincés
2 feuilles de citron kaffir ciselées
2 oignons verts émincés
1 poignée de feuilles de coriandre
1 poignée de feuilles de basilic thaï
2 blancs de citronnelle (40 g)
ficelle de cuisine

SAUCE AU CITRON VERT ET AU PIMENT

60 ml de sauce au piment douce
2 c. à s. de sauce de poisson
2 c. à s. de jus de citron vert
2 c. à s. d'huile d'arachide
1 gousse d'ail pilée
1 cm de gingembre frais râpé

1. Mettez tous les ingrédients de la sauce au citron vert et au piment dans un shaker pour sauce à salade, fermez et secouez bien.
2. Faites 3 ou 4 entailles de chaque côté des poissons avant de les disposer dans un grand plat. Versez la moitié de la sauce, couvrez et laissez mariner 1 heure au réfrigérateur.
3. Découpez la feuille de bananier en 4 carrés de 30 cm de côté. Plongez un à un les carrés dans un grand faitout d'eau bouillante, puis rincez-les sous l'eau froide et séchez-les avec du papier absorbant.
4. Posez les carrés de feuille de bananier sur un plan de travail. Mélangez dans un bol le piment, les feuilles de citron kaffir, l'oignon, la coriandre et le basilic. Coupez les blancs de citronnelle en deux dans la longueur, puis recoupez chaque tronçon en deux pour obtenir en tout 8 morceaux.
5. Disposez 2 morceaux de citronnelle sur chaque carré de feuille de bananier et posez un poisson à plat dessus avant de le napper du mélange aux herbes. Fermez les papillotes et ficelez-les pour qu'elles gardent leur forme.
6. Prenez un grand panier vapeur à deux étages et déposez à chaque niveau 2 poissons bien à plat, sans les superposer. Faites-les cuire 20 minutes à la vapeur, en inversant les paniers à mi-cuisson. Servez les poisons avec le reste de la marinade.

ASTUCE DU CHEF

Les feuilles de bananier sont souvent utilisées en Thaïlande pour transporter la nourriture (en particulier les desserts) ou pour la faire cuire, soit grillée, soit en papillote comme dans cette recette. Les feuilles les plus jeunes sont meilleures, mais elles sont plus rares à trouver en France. Il est donc souvent nécessaire de blanchir les feuilles un peu épaisses avant emploi pour les assouplir.

Pour assouplir les feuilles de bananier, plongez-les un à un dans de l'eau bouillante.

Sur chaque carré, disposez 2 morceaux de citronnelle puis posez le poisson.

Fermez les papillotes et ficelez-les. Faites cuire 20 minutes à la vapeur.

4 PERS.

Préparation + cuisson 30 minutes

Darnes de saumon aux herbes et aux noix de cajou

INGRÉDIENTS

4 darnes de saumon
1 bonne pincée de fleur de sel
3 pommes vertes
2 oignons verts émincés
1 oignon rouge émincé
1 petit bouquet de menthe fraîche
1 petit bouquet de coriandre fraîche
125 ml de jus de citron vert
110 g de noix de cajou non salées

ASSAISONNEMENT

65 g de sucre de palme râpé ou de sucre roux
2 c. à s. de sauce de poisson
2 c. à c. de gingembre frais râpé

1. Préparez l'assaisonnement.
2. Saupoudrez de fleur de sel les darnes de saumon puis faites-les cuire sur un gril en fonte préchauffé. Faites également griller à sec les noix de cajou.
3. Pendant la cuisson du poisson, détaillez la pomme en fins bâtonnets puis mettez-les dans un saladier avec les oignons, la menthe, la coriandre et le jus de citron vert. Ajoutez la moitié de l'assaisonnement et mélangez.
4. Présentez les darnes de saumon sur les assiettes de service, garnissez de mélange aux pommes et de noix de cajou grillées. Nappez avec le reste de l'assaisonnement et servez.

ASSAISONNEMENT

Mélangez tous les ingrédients dans une petite casserole et portez à ébullition. Retirez du feu, passez dans un tamis fin et laissez refroidir à température ambiante.

ASTUCES DU CHEF

• *Traditionnellement, ce plat se prépare avec de la mangue verte ou des jujubes mais ces fruits ne sont pas très faciles à se procurer en France.*
• *Remuez sans cesse les noix de cajou quand vous les faites griller à sec (sans matière grasse) pour éviter qu'elles ne brûlent.*
• *Le gril en fonte doit être très chaud pour que les darnes de saumon soient saisies. Il n'est pas nécessaire d'huiler le gril car le saumon rendra un peu de graisse à la cuisson.*
• *Préparez l'assaisonnement au moins 30 minutes à l'avance pour qu'il ait le temps de refroidir. En revanche, les pommes seront épluchées et coupées au dernier moment car elles peuvent noircir à l'air.*

Saupoudrez de fleur de sel les darnes de saumon.

Faites griller les noix de cajou en remuant sans cesse.

Passez l'assaisonnement dans un tamis fin avant de le faire refroidir.

4 PERS.

Préparation + cuisson 35 minutes

Poisson poché à la crème de coco et aux piments

INGRÉDIENTS

2 c. à c. d'huile végétale
2 gousses d'ail pilées
1 c. à c. de gingembre frais râpé
20 g de curcuma frais râpé
2 piments rouges frais émincés
375 ml de bouillon de poisson
400 ml de crème de coco
20 g de galanga frais coupé en deux
1 tige de citronnelle coupée en tronçons de 2 cm
4 filets de poisson blanc de 200 g chacun
2 c. à s. de sauce de poisson
2 oignons verts émincés

1. Faites chauffer l'huile dans une sauteuse et faites revenir l'ail, le gingembre, le curcuma et les piments jusqu'à ce que le mélange embaume. Versez alors progressivement le bouillon de poisson et la crème de coco puis ajoutez le galanga et la citronnelle. Portez à ébullition.

2. Dès les premiers bouillons, baissez le feu et faites pocher le poisson 8 minutes dans ce liquide, sans couvrir, jusqu'à ce qu'il soit cuit. Retirez du feu et ôtez les morceaux de galanga et de citronnelle.

3. Retirez délicatement les filets de poisson avec une écumoire et disposez-les dans un plat de service. Couvrez d'une feuille de papier d'aluminium pour qu'ils restent chauds. Laissez bouillir à nouveau la sauce 5 minutes puis retirez-la du feu pour ajouter la sauce de poisson et les oignons verts. Versez le mélange sur le poisson et servez aussitôt.

ASTUCES DU CHEF

- *La crème de coco est le liquide qui flotte au-dessus du lait de coco après que la noix a été pressée. On laisse reposer au moins 20 minutes pour que la séparation s'opère. Elle est vendue pasteurisée en boîte (épiceries asiatiques). Son goût est plus profond que celui du lait de coco.*
- *Le curcuma est un rhizome de la famille du gingembre. On le trouve surtout séché et moulu mais vous pouvez vous en procurer du frais dans les épiceries asiatiques. Le curcuma rouge donne une belle couleur aux currys et aux sauces.*
- *Le galanga est un rhizome à chair blanche, dont la saveur est plus délicate que celle du gingembre. La peau peut être blanche ou rosée selon les variétés. On le trouve dans les épiceries asiatiques.*
- *Achetez de gros morceaux de curcuma, galanga et gingembre frais, coupez-les en morceaux et congelez-les pour en avoir toujours à portée de main.*

Utilisez des gants de cuisine pour manipuler le curcuma car il tache beaucoup.

Inutile de râper le galanga puisqu'il sera retiré de la sauce après la cuisson.

Ne couvrez pas le poisson pendant la cuisson pour éviter qu'il ne se défasse.

RIZ & NOUILLES

RIZ GLUANT

C'est le riz antique du Siam. Aujourd'hui il est surtout consommé dans le Nord et le Nord-Est de la Thaïlande où il constitue la base de l'alimentation. Cuit, il forme de petits paquets agglutinés qui se mangent traditionnellement avec les doigts. Les grains sont courts et d'un blanc légèrement cassé.
Il doit être plongé plusieurs heures dans de l'eau et rincé abondamment avant la cuisson. Ce trempage prolongé ne convient pas à d'autres variétés, comme le riz jasmin.

4 PERS. | Préparation + cuisson **35 minutes** (+ trempage)

1. La veille, rincez abondamment 400 g de riz gluant jusqu'à ce que l'eau soit très claire puis mettez-le dans un récipient et couvrez d'eau froide. Laissez tremper toute la nuit.
2. Égouttez le riz après l'avoir rincé une dernière fois. Garnissez de mousseline un panier vapeur (de préférence en bambou) et versez le riz dedans pour former un monticule. Couvrez. Faites-le cuire au moins 25 minutes au-dessus d'une casserole d'eau bouillante, sans retirer le couvercle. Le riz est cuit quand il est tendre au centre du monticule.

RIZ JASMIN

C'est le préféré des Thaïlandais, cultivé et consommé surtout dans les plaines centrales du pays. Son grain allongé dégage une saveur délicate. Il est parfois utilisé à la place du riz basmati dans la cuisine indienne car il a su s'imposer, au fil des ans, au-delà des frontières de la Thaïlande. On évitera de le saler pendant la cuisson pour ne pas « casser » son goût subtil. Le sel n'est d'ailleurs pas indispensable car le riz jasmin accompagne toujours des mets aux saveurs très développées.

4 PERS. | Préparation + cuisson **22 minutes** (+ trempage)

1. Mélangez 400 g de riz jasmin et 1 litre d'eau dans une casserole à fond épais. Portez à ébullition en remuant de temps en temps (délicatement pour ne pas briser les grains).
2. Baissez le feu, couvrez et laissez cuire 12 minutes à l'étouffée, sans remuer. Toute l'eau doit être absorbée. Retirez du feu et laissez reposer 10 minutes à couvert avant de servir.

RIZ NOIR

Noir quand il est cru, il vire au rouge sombre pendant la cuisson. C'est un riz complet dont l'enveloppe sombre cache un grain moyen de couleur crème. Il offre un léger goût de noisette. Comme le riz gluant, il doit être trempé toute une nuit avant la cuisson. Il se prépare surtout en dessert.

4 PERS. | Préparation + cuisson **25 minutes** (+ trempage)

1. La veille, rincez abondamment 400 g de riz gluant jusqu'à ce que l'eau soit très claire puis mettez-le dans un récipient et couvrez d'eau froide. Laissez tremper toute la nuit.
2. Rincez une dernière fois le riz avant de le mettre dans une casserole d'eau. Faites-le bouillir 25 minutes, jusqu'à ce qu'il soit cuit. Égouttez-le et laissez-le reposer 10 minutes à couvert avant de le servir ou de l'accommoder pour un dessert.

LES RIZ THAÏS

Le riz est un élément fondamental de la cuisine thaïe et de la culture locale, donnant lieu à plusieurs cérémonies. À table, le riz, servi dans de petits bols, apparaît comme l'élément principal autour duquel s'articulent les autres mets, aussi raffinés et complexes qu'ils puissent être. C'est d'ailleurs le même mot, « kao », qui désigne le riz et la nourriture. On trouve trois grandes variétés de riz dans la cuisine thaïe : le riz blanc gluant, le riz jasmin et le riz noir.

4 PERS.

Préparation + cuisson
20 minutes
(+ trempage)

Riz jaune à la crème de coco

INGRÉDIENTS
350 g de riz jasmin
310 ml d'eau
400 ml de crème de coco
½ c. à c. de sel
1 c. à c. de sucre roux
½ c. à c. de curcuma moulu
1 pincée de filaments de safran

1. Faites tremper le riz 30 minutes dans un grand volume d'eau froide. Rincez-le ensuite abondamment jusqu'à ce que l'eau soit très claire. Égouttez-le.
2. Mettez le riz et le reste des ingrédients dans une casserole, couvrez et portez à ébullition en remuant régulièrement. Dès les premiers bouillons, baissez le feu et laissez frémir 15 minutes sans remuer. Quand le riz est juste cuit, retirez du feu et laissez reposer 10 minutes sans ôter le couvercle.

ASTUCES DU CHEF
• *Dans le Sud de la Thaïlande, cette recette se prépare avec du curcuma frais (pour cette recette, comptez 1 cuillerée à café de curcuma râpé). Il se marie avec les plats très épicés, la douceur du lait de coco atténuant la force des piments.*
• *Le safran est une épice très chère mais sa saveur délicate et parfumée est bien mise en valeur ici. Choisissez un safran d'excellente qualité, avec des filaments longs et très colorés.*
• *Pour faire tremper le riz, vous pouvez le verser directement dans une passoire et mettre celle-ci dans l'eau. Remuez régulièrement puis retirez la passoire de l'eau et rincez abondamment le riz sous le robinet.*
• *La crème de coco est le liquide qui flotte au-dessus du lait de coco après que la noix a été pressée. On laisse reposer au moins 20 minutes pour que la séparation s'opère. La crème de coco est vendue pasteurisée en boîte (épiceries asiatiques). Son goût est plus profond que celui du lait de coco.*

Faites tremper le riz dans de l'eau froide avant de le faire cuire.

Ajoutez le safran au début de la cuisson du riz.

Aérez délicatement le riz à la fourchette pour que les grains ne collent pas.

4 PERS.

Préparation + cuisson 25 minutes

Riz sauté au poulet et au basilic

INGRÉDIENTS

60 ml d'huile d'arachide
1 oignon jaune émincé
3 gousses d'ail pilées
2 longs piments verts émincés
1 c. à s. de cassonade
500 g de blancs de poulet en tout petits morceaux
2 poivrons rouges en fines lanières
200 g de haricots verts en petits dés
800 g de riz jasmin cuit (page 68)
2 c. à s. de sauce de poisson
2 c. à s. de sauce soja
1 poignée de feuilles de basilic thaï

1. Versez l'huile dans un wok chaud et faites dorer l'oignon, l'ail et les piments. Saupoudrez la cassonade, remuez pour la faire dissoudre, puis ajoutez les morceaux de poulet et faites-les dorer légèrement. Incorporez les poivrons et les haricots verts, et continuez la cuisson à feu assez vif, jusqu'à ce qu'ils soient tendres.

2. Quand le poulet est cuit à point, ajoutez le riz et versez les sauces en les faisant couler sur la paroi du wok. Mélangez sans cesse jusqu'à ce que le riz soit bien chaud. Incorporez le basilic hors du feu.

ASTUCES DU CHEF

• *Pour réussir le riz sauté, faites-le cuire à l'avance car il doit être bien égoutté et complètement froid. Sinon, il a tendance à coller et à rester en petits paquets quand on le fait sauter au wok. Faites cuire la quantité nécessaire à la recette (100 g de riz cru donnent à peu près 300 g de riz cuit), égouttez bien le riz et étalez-le dans un grand plat recouvert de papier sulfurisé, en formant une couche pas trop épaisse (il séchera mieux). Couvrez-le de papier absorbant et laissez-le refroidir complètement avant de le placer au réfrigérateur pour au moins 3 heures.*
• *Versez le riz dans un wok en 4 fois. Si vous le faites cuire en une seule fois, le mélange ne sera pas assez chaud et le riz ne pourra pas être parfaitement saisi.*
• *Cette recette doit cuire en un minimum de temps. Il faut donc veiller à ce que tous les ingrédients soient prêts quand vous commencez la cuisson.*
• *Versez les sauces dans le wok en les faisant couler le long de la paroi plutôt qu'au centre : elles seront ainsi presque à ébullition au moment d'être mélangés avec le reste des ingrédients.*

Étalez le riz sur du papier sulfurisé pour le faire raffermir au réfrigérateur.

Détaillez les piments en petits morceaux sans les épépiner.

Ajoutez le basilic hors du feu pour éviter qu'il ne perde sa saveur en cuisant.

4 PERS.

Préparation + cuisson **40 minutes**

Omelette fourrée au riz sauté et au crabe

INGRÉDIENTS

60 ml d'huile d'arachide
4 oignons verts émincés
2 piments oiseau rouges émincés
1 c. à s. de pâte de curry rouge (page 6)
400 g de riz jasmin cuit (page 68)
250 g de chair de crabe
2 c. à s. de jus de citron vert
2 c. à s. de sauce de poisson
8 œufs battus avec 2 c. à s. d'eau
1 citron vert coupé en quartiers

1. Faites chauffer 1 cuillerée à soupe d'huile dans un wok et faites saisir les piments et les oignons verts. Ajoutez la pâte de curry et remuez jusqu'à ce que le mélange embaume. Faites sauter le riz dans ce mélange en remuant sans cesse.
2. Retirez le wok du feu et videz-le dans un grand saladier. Ajoutez la chair de crabe, le jus de citron vert et la sauce de poisson.
3. Faites chauffer 1 cuillerée d'huile dans le wok bien essuyé et faites cuire ¼ des œufs battus en omelette fine. Quand les œufs sont pris, disposez au centre ¼ du riz sauté et rabattez les quatre côtés de l'omelette sur la garniture.
4. Pressez fermement l'omelette avec la spatule et retournez-la délicatement pour la faire dorer de l'autre côté. Retirez-la du wok et gardez-la au chaud à couvert. Préparez de la même manière les autres omelettes. Servez avec des quartiers de citron vert.

ASTUCES DU CHEF

- *Vous pouvez remplacer la chair de crabe par de petites crevettes cuites décortiquées et grossièrement hachées.*
- *Si vous trouvez la pâte de curry rouge trop relevée, remplacez-la par une pâte de curry jaune ou panang (page 9). Toutes deux se marient bien avec les fruits de mer.*
- *Pour réussir le riz sauté, respectez les indications données précédemment (page 72).*

Ajoutez le riz en petites quantités dans le wok pour qu'il soit saisi.

Étalez le riz au centre de l'omelette avant de rabattre les côtés.

Faites dorer l'omelette sur l'autre face.

4 PERS.

Préparation + cuisson 55 minutes

Nouilles chiang mai

INGRÉDIENTS
huile végétale pour la friture
500 g de nouilles fraîches aux œufs
1 oignon jaune émincé
2 oignons verts émincés
1 poignée de feuilles de coriandre entières
75 g de pâte de curry rouge (page 6)
2 gousses d'ail pilées
1 pincée de curcuma moulu
500 ml d'eau
400 ml de lait de coco
500 g de blanc de poulet émincé
60 ml de sauce de poisson
1 c. à s. de sauce soja
2 c. à s. de sucre de palme râpé
ou de sucre roux
2 c. à c. de jus de citron vert
2 c. à s. de feuilles de coriandre ciselées
1 piment rouge frais épépiné et émincé

1. Faites chauffer de l'huile dans un wok et faites frire 100 g de nouilles en plusieurs tournées jusqu'à ce qu'elles croustillent. Égouttez-les sur du papier absorbant.
2. Faites frire l'oignon dans la même huile très chaude jusqu'à ce qu'il soit doré et croustillant. Égouttez-le sur du papier absorbant puis mettez-le dans un saladier avec les nouilles, les oignons verts et les feuilles de coriandre. Jetez l'huile du wok et nettoyez ce dernier.
3. Faites chauffer la pâte de curry, l'ail et le curcuma dans le wok jusqu'à ce que le mélange embaume. Versez progressivement l'eau et le lait de coco. Quand le mélange a bouilli, baissez le feu et laissez frémir 2 minutes en remuant sans cesse. Ajoutez le poulet émincé et laissez-le cuire 5 minutes, sans cesser de remuer. Incorporez la sauce de poisson, la sauce soja, le sucre de palme et le jus de citron vert. Quand le sucre est dissous, ajoutez la coriandre ciselée.
4. Mettez le reste des nouilles dans un récipient résistant à la chaleur, couvrez d'eau bouillante et laissez reposer quelques secondes pour qu'elles s'assouplissent. Séparez-les délicatement à la fourchette puis égouttez-les. Répartissez-les dans 4 bols puis ajoutez le poulet avec son liquide de cuisson. Garnissez de nouilles et d'oignon frit ; décorez de lamelles de piment. Servez aussitôt pour éviter que les nouilles frites ne soient trop détrempées.

ASTUCES DU CHEF
• *Cette recette originaire du Nord de la Thaïlande marie avec bonheur des nouilles croustillantes et des nouilles cuites à l'eau. Prenez garde de n'ajouter les nouilles frites qu'au moment de servir pour éviter qu'elles ne soient détrempées par le bouillon.*
• *Choisissez pour cette recette des nouilles longues très fines, fraîches de préférence (en vente dans les épiceries asiatiques). À défaut, utilisez des nouilles sèches, faites-les cuire dans de l'eau bouillante puis laissez-les égoutter suffisamment longtemps pour qu'elles soient presque sèches avant de les faire frire.*

Faites frire une petite quantité de nouilles dans de l'huile chaude.

Mélangez les nouilles frites, les oignons verts et la coriandre dans un saladier.

Couvrez les nouilles d'eau bouillante puis séparez-les à la fourchette.

4 PERS. | Préparation + cuisson 35 minutes

Nouilles sautées au poulet

INGRÉDIENTS

1 kg de nouilles de riz fraîches
2 c. à c. d'huile de sésame
2 gousses d'ail pilées
2 piments rouges frais émincés
600 g de blanc de poulet coupé en dés
250 g de minibok choy coupé en quatre dans la hauteur
4 oignons verts émincés
2 c. à s. de kecap manis (sauce soja sucrée)
1 c. à s. de sauce d'huîtres
1 c. à s. de sucre de palme râpé ou de sucre roux
1 poignée de coriandre fraîche ciselée
1 c. à s. d'oignon frit

1. Mettez les nouilles dans un récipient résistant à la chaleur, couvrez-les d'eau bouillante et remuez-les délicatement à la fourchette pour les séparer. Égouttez-les.
2. Faites chauffer l'huile dans un wok et faites revenir l'ail et le piment puis ajoutez le poulet. Quand la viande est dorée de toutes parts, mettez le bok choy et l'oignon vert dans le wok. Prolongez la cuisson jusqu'à ce que la viande soit à votre convenance. Le bok choy doit rester légèrement croquant.
3. Incorporez les nouilles puis les sauces et le sucre. Laissez cuire à feu vif jusqu'à ce que le mélange soit chaud. Retirez du feu pour ajouter la coriandre et remuez. Répartissez les nouilles dans des bols à soupe et saupoudrez d'oignon frit au moment de servir.

ASTUCES DU CHEF

• *Cette recette est un grand classique en Thaïlande où on la trouve dans toutes les échoppes et sur les étals des marchés. Pour la préparer, préférez des nouilles de riz fraîches larges ou achetez des feuilles de pâte que vous découperez en rubans assez larges.*
• *Les nouilles de riz fraîches sont généralement vendues sous vide dans les épiceries asiatiques. Elles ne nécessitent pas de cuisson mais doivent être trempées rapidement dans de l'eau bouillante pour être séparées plus facilement.*
• *Le kecap manis est une sauce soja indonésienne épaisse et sucrée. Vous la trouverez facilement en grande surface. Si vous la remplacez par une sauce soja classique, ménagez la recette en y ajoutant 1 cuillerée à soupe de sucre de palme ou de sucre roux.*
• *L'oignon frit est un ingrédient très important dans la cuisine thaïe. Vous pouvez l'acheter tout prêt dans les épiceries asiatiques, en petits flacons, mais il sera meilleur si vous le préparez vous-même. Émincez dans la longueur, en tranches très fines, au moins 1 tasse d'oignon jaune puis faites-le frire dans de l'huile chaude, dans une poêle ou dans un wok, en remuant sans cesse jusqu'à coloration. Dès que les tranches sont croustillantes et dorées, retirez-les de l'huile et égouttez-les sur du papier absorbant ; conservez-les dans un récipient hermétique.*

Coupez les bok choy en quatre puis lavez-les en écartant les feuilles.

Faites tremper les nouilles dans de l'eau bouillante pour les séparer facilement.

Mélangez délicatement les nouilles pour éviter qu'elles ne se brisent.

4 PERS.

Préparation + cuisson 1 heure

Pad thaï

INGRÉDIENTS

40 g de pulpe de tamarin
125 ml d'eau bouillante
2 c. à s. de sucre de palme râpé ou de sucre roux
80 ml de sauce au piment douce
80 ml de sauce de poisson
375 g de nouilles de riz fraîches
12 crevettes moyennes crues
2 gousses d'ail pilées
2 c. à s. de radis blanc salé émincé
2 c. à s. de crevettes séchées
1 c. à s. de gingembre frais râpé
2 piments rouges frais épépinées et émincés
1 c. à c. d'huile végétale
250 g de porc émincé
3 œufs légèrement battus
160 g de germes de soja
4 tiges d'oignon vert émincées
1 poignée de coriandre fraîche
35 g de cacahuètes rôties
1 citron vert coupé en quatre

1. Laissez tremper le tamarin 30 minutes dans l'eau bouillante. Passez-le ensuite dans un tamis fin en pressant le mélange avec le dos d'une cuillère pour récupérer le maximum de pulpe. Jetez les éléments solides restés dans le tamis. Réservez l'eau de tamarin.
2. Mélangez le sucre, la sauce au piment et la sauce de poisson dans un petit bol. Ajoutez l'eau de tamarin.
3. Faites ramollir les nouilles dans de l'eau bouillante, à couvert. Égouttez-les.
4. Décortiquez les crevettes en gardant les queues.
5. Mixez ou pilez dans un mortier l'ail, le radis blanc salé, les crevettes séchées, le gingembre et le piment pour obtenir une pâte épaisse.
6. Faites chauffer l'huile dans un wok et faites chauffer ce mélange jusqu'à ce qu'il embaume. Ajoutez le porc et faites-le brunir de toutes parts. Faites cuire ensuite les crevettes jusqu'à ce qu'elles changent de couleur puis versez les œufs battus sans cesser de remuer. Quand ces derniers ont pris, incorporez les nouilles, la sauce préparée avec l'eau de tamarin, les germes de soja et la moitié des tiges d'oignon vert. Mélangez bien pour que la préparation soit uniformément chaude puis retirez le wok du feu avant d'ajouter le reste des tiges d'oignon vert, la coriandre et les cacahuètes grossièrement concassées. Servez avec les quartiers de citron vert.

ASTUCES DU CHEF

• *Le pad thaï doit cuire très rapidement. Prenez soin de découper tous les ingrédients à l'avance, par exemple dès que vous avez mis à tremper la pulpe de tamarin.*
• *Le radis blanc salé est un condiment vendu en bocaux dans les épiceries asiatiques. Coupé en gros morceaux, le radis blanc ou daikon est conservé dans une saumure à base de gros sel et de sucre de palme.*

Mettez les nouilles dans un grand saladier et couvrez-les d'eau bouillante.

Les nouilles seront ajoutées au wok à la fin de la cuisson. Mélangez délicatement.

Avant de retirer le wok du feu, ajoutez les germes de soja et la moitié des oignons verts.

4 PERS.

Préparation + cuisson 55 minutes

Nouilles croustillantes

INGRÉDIENTS

150 g de tofu ferme frais
huile végétale pour la friture
125 g de vermicelles de riz
2 c. à s. d'huile d'arachide
2 œufs battus avec 1 c. à s. d'eau
2 gousses d'ail pilées
2 piments oiseau rouges émincés
1 piment oiseau vert émincé
2 c. à s. de sucre de palme râpé ou de sucre roux
2 c. à s. de sauce de poisson
2 c. à s. de sauce tomate
1 c. à s. de vinaigre de vin de riz
200 g de porc haché
200 g de petites crevettes cuites décortiquées et hachées
6 oignons verts émincés
1 petite poignée de feuilles de coriandre

1. Séchez le tofu avec du papier absorbant et coupez-le en bâtonnets fins. Étalez ces derniers dans un grand plat, entre 2 couches de papier absorbant, et laissez égoutter 20 minutes.

2. Versez de l'huile végétale dans un wok chaud et faites frire rapidement les vermicelles, qui doivent gonfler en cuisant. Procédez en plusieurs tournées que vous faites égoutter aussitôt sur du papier absorbant.

3. Dans la même huile, faites dorer le tofu en plusieurs fois, puis égouttez-le également sur du papier absorbant. Jetez l'huile et essuyez le wok.

4. Remettez le wok sur le feu et versez-y 1 cuillerée à café d'huile d'arachide pour faire cuire la moitié des œufs battus en omelette fine. Quand celle-ci est prise, roulez-la et détaillez-la en lanières. Préparez de la même manière une seconde omelette que vous faites cuire dans une autre cuillerée à café d'huile.

5. Mélangez dans un bol l'ail, les piments, le sucre, les sauces et le vinaigre. Réservez-en la moitié dans un bocal et versez le reste sur la viande hachée. Mélangez bien.

6. Faites chauffer le reste de l'huile d'arachide dans le wok et faites revenir la viande 5 minutes. Ajoutez les crevettes et remuez 1 minute, puis incorporez le tofu en remuant délicatement.

7. Retirez le wok du feu, mouillez la préparation avec la sauce réservée (agitez d'abord le bocal pour mélanger) et incorporez la moitié des oignons verts, puis les vermicelles croustillants. Remuez délicatement et servez sans attendre, après avoir garni les nouilles du reste des oignons, de lanières d'omelette et de coriandre.

Faites frire les vermicelles en petites quantités pour qu'ils gonflent bien.

Inclinez le wok en tous sens pour obtenir une omelette très fine.

Roulez les omelettes puis détaillez-les en petits tronçons.

4 PERS.

Préparation + cuisson
30 minutes
(+ égouttage)

VÉGÉTARIEN

Tofu sauté au piment et à la coriandre

INGRÉDIENTS
900 g de tofu frais égoutté
huile végétale pour la friture
1 oignon rouge finement haché
1 poignée de coriandre fraîche
1 c. à s. de citronnelle émincée
2 piments rouges frais émincés
2 c. à s. de jus de citron vert
1 c. à c. de sucre de palme râpé ou de sucre roux
1 c. à s. de sauce soja
½ c. à c. de sauce au piment douce
8 feuilles de chou chinois pour la présentation

1. Tamponnez le tofu avec du papier absorbant puis coupez-le en petits cubes. Laissez-le s'égoutter 20 minutes entre 2 couches de papier absorbant, en l'étalant sur un plateau.
2. Faites chauffer l'huile dans un wok et faites frire le tofu en plusieurs fois pour qu'il dore de toutes parts. Égouttez-le sur du papier absorbant.
3. Mettez-le dans un saladier avec l'oignon, la coriandre ciselée, la citronnelle et les piments. Fouettez dans un bol le jus de citron, le sucre, la sauce soja et la sauce au piment puis versez cet assaisonnement sur le tofu et mélangez. Formez de petites coupes avec les feuilles de chou et servez le tofu frit dedans.

ASTUCES DU CHEF
• *Cette recette peut aussi se préparer avec du poulet, du bœuf ou du porc détaillé en très fines lamelles.*
• *Le tofu doit être bien égoutté pour qu'il puisse cuire rapidement. Dans le cas contraire, il rendrait trop d'eau. Si vous disposez d'un peu de temps, mettez-le dans un tamis fin garni de papier absorbant et laissez-le s'égoutter au moins 3 heures.*
• *Utilisez de l'huile d'arachide pour la friture car elle n'a pas un goût très prononcé, contrairement à l'huile de sésame, par exemple. Après emploi, filtrez-la et réservez-la dans un bocal en verre. Vous pouvez l'utiliser au moins trois fois. Jetez-la quand elle commence à noircir.*
• *Prenez garde aux éclaboussures quand vous faites frire le tofu. Procédez par petites quantités pour qu'il n'y ait pas trop de projections.*

Coupez le tofu en très petits dés avant de l'égoutter sur du papier absorbant.

N'utilisez que la partie blanche de la citronnelle, plus tendre que la partie verte.

Faites frire le tofu en plusieurs fois pour qu'il dore.

4 PERS.

Préparation + cuisson 30 minutes

Pad thaï végétarien

INGRÉDIENTS

200 g de nouilles de riz fraîches
2 gousses d'ail pilées
2 c. à s. de radis blanc salé émincé
2 piments rouges frais épépinés et émincés
60 ml d'huile végétale
2 œufs légèrement battus
90 g d'oignon frit
125 g de tofu frit coupé en fines lamelles
35 g de cacahuètes grillées pilées grossièrement
240 g de germes de soja
6 tiges d'oignon vert émincées
2 c. à s. de sauce soja
1 c. à s. de jus de citron vert
2 c. à s. de coriandre fraîche finement ciselée

1. Mettez les nouilles dans un saladier, couvrez d'eau bouillante et laissez tremper quelques minutes. Quand elles sont souples, séparez-les à la fourchette puis égouttez-les.
2. Pilez l'ail, le radis blanc et les piments dans un mortier pour obtenir une pâte épaisse.
3. Faites chauffer 2 cuillerées à café d'huile dans un wok, versez les œufs battus et inclinez le wok en tous sens pour obtenir une omelette très fine. Faites-la cuire jusqu'à ce que les bords soient dorés puis retournez-la et laissez-la cuire sur l'autre côté. Faites-la glisser sur une assiette, roulez-la et coupez-la en petits tronçons.
4. Faites chauffer le reste de l'huile dans le wok et faites revenir la pâte au piment avec les oignons frits, jusqu'à ce que le mélange embaume. Ajoutez le tofu et réchauffez-le 1 minute à feu vif puis incorporez la moitié des noix, des germes de soja et des tiges d'oignon vert. Remuez sur le feu jusqu'à ce que les oignons verts soient juste flétris. Incorporez enfin les nouilles, la sauce soja et le jus de citron vert. Réchauffez le tout à feu vif puis retirez le wok du feu. Répartissez le pad thaï dans des bols, garnissez-le avec le reste des cacahuètes, des germes de soja et des tiges d'oignon vert. Décorez de rubans d'omelette et de coriandre ciselée ; servez aussitôt avec des quartiers de citron vert.

ASTUCES DU CHEF

• *Le radis blanc salé est un condiment vendu en bocaux dans les épiceries asiatiques. Coupé en gros morceaux, le radis blanc ou daikon est conservé dans une saumure à base de gros sel et de sucre de palme.*
• *L'oignon frit est un ingrédient très important dans la cuisine thaïe. Vous pouvez l'acheter tout prêt dans les épiceries asiatiques, en petits flacons, mais il sera meilleur si vous le préparez vous-même. Émincez dans la longueur, en tranches très fines, au moins 1 tasse d'oignon jaune puis faites-le frire dans de l'huile très chaude, dans une poêle ou dans un wok, en remuant sans cesse jusqu'à coloration. Dès que les tranches sont croustillantes et dorées, retirez-les de l'huile et égouttez-les sur du papier absorbant ; conservez-les dans un récipient hermétique.*

Inclinez le wok en tous sens pour obtenir une omelette très fine.

Coupez le tofu frit en cubes avant de le réchauffer dans le wok.

Détaillez le radis blanc salé en petits morceaux après l'avoir égoutté.

4 PERS.

Préparation + cuisson **35 minutes**

Légumes sautés

INGRÉDIENTS

1 c. à s. d'huile d'arachide
2 gousses d'ail pilées
1 c. à c. de curcuma moulu
4 oignons verts émincés
1 c. à c. de coriandre (racines et tiges) hachée très fin + quelques feuilles ciselées
500 g de fleurettes de chou-fleur
60 ml d'eau
200 g de haricots verts ou de haricots kilomètres en tronçons de 5 cm
200 g de choy sum coupé en tronçons
1 c. à s. de jus de citron vert
1 c. à s. de sauce soja

1. Faites chauffer l'huile dans un wok et faites revenir l'ail, le curcuma, les oignons verts et les tiges et les racines de coriandre. Quand les oignons sont tendres, retirez le mélange du wok et gardez-le au chaud.

2. Mettez le chou-fleur dans le wok, versez l'eau dessus et laissez cuire à feu vif. Quand les fleurettes sont presque tendres, ajoutez les haricots verts et le brocoli chinois. Poursuivez la cuisson jusqu'à ce que tous les légumes soient cuits et le liquide complètement évaporé.

3. Versez le jus de citron vert et la sauce soja dans le wok, mélangez bien, puis ajoutez la coriandre et les oignons verts. Laissez sur le feu jusqu'à ce que le mélange soit bien chaud.

ASTUCE DU CHEF

Le choy sum est une variété de chou chinois. Ses feuilles sont longues, d'un vert soutenu, et se terminent par des boutons floraux. Les tiges se mangent également. Il est aussi bon cuit à la vapeur que sauté avec d'autres ingrédients.

Coupez les tiges du choy sum en tronçons et ciselez grossièrement les feuilles.

Roulez le citron sur le plan de travail pour en extraire le maximum de jus.

4 PERS.

Préparation + cuisson
25 minutes
(+ repos)

Tofu sauté à l'aubergine

INGRÉDIENTS
1 grosse aubergine
gros sel
300 g de tofu ferme frais
1 oignon jaune
2 c. à s. d'huile d'arachide
1 gousse d'ail pilée
2 piments oiseau rouges émincés
1 c. à s. de sucre de palme râpé ou de sucre roux
850 g de tiges de brocoli chinois coupées en gros tronçons
2 c. à s. de jus de citron vert
80 ml de sauce soja
1 petite poignée de basilic thaï frais grossièrement ciselé

1. Coupez l'aubergine en deux dans la longueur sans l'éplucher, détaillez ensuite chaque moitié en fines tranches que vous faites dégorger 30 minutes dans une passoire après les avoir saupoudrées de gros sel.
2. Séchez le tofu avec du papier absorbant et coupez-le en dés de 2 cm de côté. Laissez-le ensuite égoutter 10 minutes entre 2 couches de papier absorbant. Vous pouvez poser une petite planche à découper dessus, avec une boîte de conserve pour le presser légèrement, ce qui permet de mieux l'égoutter.
3. Coupez l'oignon en deux, puis en tranches régulières. Rincez l'aubergine à l'eau froide et séchez-la avec du papier absorbant.
4. Versez l'huile dans un wok bien chaud pour y faire revenir l'oignon, l'ail et les piments à feu vif. Versez le sucre et remuez pour bien le dissoudre. Ajoutez alors l'aubergine, que vous laissez cuire 1 à 2 minutes avant d'incorporer le brocoli chinois. Laissez-les ramollir légèrement. Terminez avec le tofu, le jus de citron vert et la sauce soja, que vous laissez se réchauffer à feu vif avec le reste du mélange, en remuant délicatement. Retirez le wok du feu pour incorporer le basilic.

ASTUCES DU CHEF
• *Le tofu doit être très bien égoutté pour qu'il puisse cuire très rapidement. Dans le cas contraire, il rendrait trop d'eau. Si vous disposez d'un peu de temps, mettez-le dans un tamis fin garni de papier absorbant et laissez-le égoutter au moins 3 heures.*
• *Ce plat doit cuire très rapidement. Il est donc indispensable de préparer tous les ingrédients à l'avance.*
• *Ne versez pas le jus de citron vert et la sauce soja au centre du wok mais faites-les couler sur les parois. Ils seront ainsi à la bonne température quand ils entreront en contact avec les autres ingrédients et ne ralentiront pas la cuisson de l'ensemble.*

Coupez l'oignons en deux puis recoupez les moitiés en fins quartiers.

Détaillez les brocolis chinois en tronçons assez larges.

Détachez délicatement les feuilles de basilic avant de les ciseler.

4 PERS.

Préparation + cuisson 35 minutes

Curry de légumes au lait de coco

INGRÉDIENTS

6 gousses d'ail coupées en quatre
3 piments oiseau rouges hachés
1 blanc de citronnelle (20 g) haché
1 c. à s. de galanga mariné
4 cm de gingembre frais en petits dés
20 g de curcuma frais haché
500 ml de lait de coco
2 feuilles de citron kaffir entières
+ 2 feuilles ciselées très fin
4 courgettes en morceaux
6 pâtissons jaunes en morceaux
200 g de fleurettes de chou-fleur
100 g de mini-épis de maïs coupés en deux dans la longueur
2 c. à s. de sauce soja
2 c. à s. de jus de citron vert
1 poignée de basilic thaï ciselé

1. Mixez en pâte homogène l'ail, les piments, le blanc de citronnelle, le galanga, le gingembre et le curcuma.
2. Versez la moitié du lait de coco dans un wok et portez à ébullition. Ajoutez la pâte d'épices et fouettez à feu vif. Baissez le feu pour verser le reste du lait de coco, puis ajouter les feuilles de kaffir entières. Laissez cette sauce épaissir à feu moyen pendant quelques minutes, en la remuant souvent.
3. Ajoutez ensuite tous les légumes. Portez à ébullition, puis baissez le feu et laissez frémir 5 minutes sans couvrir ; les légumes doivent rester un peu fermes. Incorporez hors du feu la sauce soja, le jus de citron et le basilic. Décorez avec les feuilles de kaffir ciselées.

ASTUCES DU CHEF

• *Voici une recette facile et délicatement parfumée pour accommoder un mélange de légumes. Typique du Sud de la Thaïlande, elle doit beaucoup à la cuisine indienne. Si vous ne parvenez pas à vous procurer du galanga mariné et du curcuma frais (dans les épiceries asiatiques), vous pouvez les remplacer par du gingembre mariné et du curcuma séché et moulu mais ce serait dommage car ils contribuent beaucoup à la réussite de ce plat. Comptez 2 cuillerées à café de curcuma séché + 1 cuillerée à café de sucre roux pour 20 g de curcuma frais.*
• *Le curcuma est un rhizome de la famille du gingembre. On le trouve surtout séché et moulu mais vous pouvez vous en procurer du frais dans les épiceries asiatiques (achetez-en un peu plus et pelez-le puis congelez-le pour en avoir toujours sous la main). Il est préférable de le gratter car sa peau est assez amère. Le curcuma rouge donne une belle couleur aux currys et sauces thaïes.*
• *N'utilisez que la partie blanche de la tige de citronnelle, plus tendre et plus délicate que la partie verte. Vous pouvez remplacer cet ingrédient par un zeste de citron vert.*

Égouttez le galanga puis coupez-le en dés avant de le mixer.

Détaillez les courgettes et les pâtissons en gros morceaux.

Incorporez progressivement la pâte épicée au lait de coco.

4
PERS.

Préparation
+ cuisson
25 minutes

Potiron et pois gourmands sautés au basilic

INGRÉDIENTS
2 c. à s. d'huile d'arachide
1 gros oignon jaune émincé
2 gousses d'ail émincées
4 piments oiseau rouges émincés
1 kg de potiron en cubes
250 g de pois gourmands
1 c. à c. de sucre de palme râpé ou de sucre roux
60 ml de bouillon de légumes
2 c. à s. de sauce soja
1 poignée de basilic pourpre
4 oignons verts émincés
70 g de cacahuètes grillées

1. Faites chauffer l'huile dans un wok pour et faites frire l'oignon à feu vif, jusqu'à ce qu'il soit doré et croustillant. Égouttez-le sur du papier absorbant.
2. Faites ensuite revenir l'ail et les piments. Quand ils embaument, ajoutez le potiron que vous laissez cuire sur toutes les faces, jusqu'à ce qu'il soit tendre. Incorporez enfin les pois gourmands et le sucre, puis versez le bouillon et la sauce soja. Poursuivez la cuisson, en remuant, pour que la sauce épaississe.
3. Retirez le wok du feu pour incorporer le basilic, les oignons verts et les cacahuètes. Décorez enfin d'oignon frit et servez sans attendre.

ASTUCES DU CHEF
• *Le basilic pourpre de Thaïlande a une saveur plus relevée que le basilic commun. Quand il est très frais, il peut même être très piquant. Il se marie très bien avec les légumes sautés au piment. On le trouve dans les épiceries asiatiques.*
• *Vous pouvez faire frire quelques feuilles de basilic dans l'huile avant d'y faire cuire les oignons. Les feuilles pourront décorer le plat au moment de servir. Si vous les laissez plus longtemps dans l'huile, leur saveur pimentée sera encore plus développée et parfumera intensément les oignons. Pour les amateurs de sensations fortes...*
• *Si vous ne goûtez pas les préparations trop relevées, réduisez la quantité de piments ou épépinez-les.*
• *Vous pouvez remplacer les cacahuètes par des noix de cajou.*

Faites revenir l'ail et le piment dans un wok chaud huilé.

Ajoutez le potiron et laissez cuire jusqu'à ce qu'il soit tendre, en remuant.

Ajoutez les pois gourmands, le sucre, le bouillon et la sauce soja. Laissez la sauce épaissir en remuant.

4 PERS.

Préparation **20 minutes**

SALADES

Salade de pomélos

INGRÉDIENTS

1 petit oignon rouge
4 gros pomélos
2 oignons verts émincés
2 piments oiseau rouges émincés
1 petite poignée de coriandre ciselée
70 g de cacahuètes concassées
2 gousses d'ail pilées
1 c. à s. de sucre de palme râpé ou de sucre roux
60 ml de jus de citron vert
1 c. à s. de sauce soja

1. Coupez l'oignon rouge en deux, puis émincez chaque moitié.
2. Pelez délicatement les quartiers de pomélos et jetez les membranes blanches. Mélangez les quartiers de pomélos avec les oignons, les piments, la coriandre et les cacahuètes.
3. Mettez le reste des ingrédients dans un petit bol, fouettez pour dissoudre le sucre et versez cette sauce sur la salade juste avant de servir. Mélangez délicatement.

ASTUCES DU CHEF

• *La cuisine thaïe utilise souvent certains fruits frais (pomélo, banane, mangue ou papaye) en salade pour parfumer un plat. Leur saveur sucrée s'accommode très bien des épices ou piments ainsi que des herbes fraîches comme la coriandre, la menthe ou le basilic. N'hésitez pas à tester différentes associations.*
• *Pour une version non végétarienne de cette salade, ajoutez des crevettes séchées ou de la chair de crabe. Vous pouvez également la parfumer avec de la citronnelle.*
• *Selon votre goût, choisissez des pomélos jaunes ou roses, les seconds étant plus sucrés et moins amers.*

Pelez les pomélos en entaillant franchement la chair.

Détachez les quartiers de pomélo sans garder la membrane blanche.

Vous pouvez faire griller à sec les cacahuètes pour les rendre croquantes.

4 PERS.

Préparation + cuisson 25 minutes

Salade de papaye verte

INGRÉDIENTS
100 g de haricots verts
1 papaye verte de 850 g
250 g de tomates cerises coupées en quatre
3 piments oiseau verts épépinés et émincés
2 c. à s. de crevettes séchées hachées très fin
60 ml de jus de citron vert
1 c. à s. de sauce de poisson
1 c. à s. de sucre de palme râpé ou de sucre roux
2 gousses d'ail pilées
1 petite poignée de coriandre ciselée
120 g de laitue iceberg ciselée
45 g de cacahuètes grillées et concassées

1. Coupez les haricots en tronçons de 5 cm avant de les faire cuire à l'eau. Égouttez-les, rafraîchissez-les sous le robinet pour stopper la cuisson, puis égouttez-les encore une fois.
2. Épluchez la papaye et coupez-la en quatre dans la longueur. Retirez les graines et râpez grossièrement la chair.
3. Mettez la papaye et les haricots dans un saladier avec les tomates, les piments et les crevettes séchées. Fouettez dans un bol le jus de citron, la sauce de poisson, le sucre, l'ail et la moitié de la coriandre. Versez cette sauce sur la salade de papaye et remuez délicatement.
4. Disposez la laitue ciselée sur les assiettes, ajoutez la salade de papaye et décorez de cacahuètes et du reste de la coriandre.

ASTUCE DU CHEF
La papaye verte se trouve facilement dans les épiceries asiatiques et chez les marchands de fruits et légumes. Choisissez les fruits bien fermes, avec une peau brillante, un vert pâle à blanc. S'ils sont trop mûrs, ils ne pourront pas être râpés. En outre, les fruits ont tendance à mûrir rapidement et se conservent rarement plus de 2 jours une fois qu'ils sont à point. La papaye n'a pas beaucoup de goût, mais sa chair absorbe les saveurs des autres ingrédients. Pour éviter de détremper le fruit, il faut préparer cette salade au dernier moment.

4 PERS.

Préparation + cuisson 25 minutes

Salade de vermicelles aux crevettes

INGRÉDIENTS

200 g de vermicelles de soja
1 gousse d'ail pilée
2 c. à s. de sauce de poisson
1 c. à s. de jus de citron vert
2 c. à c. d'huile d'arachide
35 g de cacahuètes concassées
2 oignons verts émincés
1 petite poignée de coriandre ciselée
2 piments oiseau rouges émincés
1 kg de grosses crevettes cuites, décortiquées

1. Mettez les vermicelles dans un grand récipient, couvrez-les d'eau bouillante et laissez-les reposer jusqu'à ce qu'ils soient souples. Égouttez-les et coupez-les grossièrement avec des ciseaux de cuisine.
2. Mélangez dans un saladier l'ail, la sauce de poisson, le jus de citron et l'huile.
3. Ajoutez les vermicelles, les cacahuètes, les oignons verts, la coriandre et les piments. Mélangez puis ajoutez les crevettes et remuez encore une fois délicatement.

ASTUCES DU CHEF

• *Mélangez tous les ingrédients de cette salade au dernier moment. Cependant, vous pouvez les préparer à l'avance, à l'exception des vermicelles. Pour qu'ils soient bien froids, passez-les rapidement sous le robinet puis laissez-les s'égoutter 5 minutes au réfrigérateur.*
• *Longs, fins et transparents, les vermicelles de soja sont vendus en petits paquets serrés. Pour les couper (après trempage), donnez des coups de ciseaux dans le tas car ces vermicelles assez gélatineux donnent l'impression de vouloir se faufiler à l'extérieur des saladiers au bords les plus hauts... Égouttez-les dès qu'ils sont souples et transparents ; si vous attendez trop longtemps, ils risquent de coller.*
• *Si vous n'aimez pas les plats trop relevés, diminuez la quantité de piments.*

Décortiquez les crevettes en gardant les queues.

Faites tremper les vermicelles dans de l'eau bouillante.

Coupez grossièrement les vermicelles avec des ciseaux de cuisine.

4 PERS.

Préparation + cuisson 50 minutes

Salade croustillante au poisson

INGRÉDIENTS

250 g de poisson blanc
huile végétale pour la friture
1 oignon rouge émincé
6 oignons verts émincés
2 miniconcombres épépinés et détaillés en fines tranches
1 poignée de feuilles de menthe
1 poignée de feuilles de coriandre
40 g de cacahuètes concassées
2 c. à c. de zeste de citron râpé

SAUCE AU CITRON VERT

4 piments oiseau verts épépinés et émincés
2 c. à s. de sauce de poisson
80 ml de jus de citron vert
1 c. à s. de cassonade

1. Préchauffez le four à 180 °C.
2. Préparez la sauce en mélangeant tous les ingrédients dans un shaker pour sauce à salade, fermez et agitez vigoureusement.
3. Faites cuire le poisson au four pendant 20 minutes, sans le couvrir. Laissez-le tiédir pour pouvoir l'émietter sans vous brûler, retirez bien toutes les arêtes, puis mixez la chair par brèves impulsions pour obtenir une sorte de chapelure.
4. Faites frire cette chapelure au wok dans l'huile chaude, en procédant en plusieurs tournées pour qu'elle soit très croustillante. Égouttez sur du papier absorbant.
5. Mélangez dans un saladier les oignons, les concombres et les herbes, versez la sauce et remuez bien. Garnissez la salade de chair de poisson frite, décorez de cacahuètes concassées et de zeste de citron, et servez sans attendre.

Coupez le filet de poisson en morceaux avant de le mixer.

Retirez le poisson frit de l'huile avec une écumoire.

Râpez tout le zeste du citron et congelez-en une partie.

4 PERS.

Préparation + cuisson 15 minutes

Salade de crabe

INGRÉDIENTS

500 g de chair de crabe
250 g de chou chinois émincé
1 miniconcombre épépiné et coupé en morceaux
1 oignon rouge coupé en deux puis émincé
6 oignons verts en tronçons de 4 cm
1 poignée de menthe vietnamienne

ASSAISONNEMENT

2 gousses d'ail pilées
2 c. à s. de jus de citron vert
2 c. à s. de sauce de poisson
1 c. à s. de cassonade
2 piments oiseau rouges émincés

1. Mettez les ingrédients de l'assaisonnement dans un shaker pour sauce à salade, fermez et agitez vigoureusement.
2. Mettez la chair de crabe dans une passoire et retirez les éventuels morceaux de carapace.
3. Émiettez la chair de crabe dans un saladier avant d'ajouter le chou chinois, le concombre, les oignons et la menthe. Versez la sauce, remuez délicatement et servez rapidement.

ASTUCES DU CHEF

• *Si vous ne trouvez pas de menthe vietnamienne, remplacez-la par une variété plus courante.*
• *Vous pouvez remplacer la chair de crabe par des crevettes cuites coupées grossièrement (ou coupées en deux dans la longueur si elles ne sont pas trop grosses).*
• *Le chou chinois possède des feuilles vert pâle, très croquantes. Il est délicieux en salade mais peut aussi se faire sauter dans un wok avec d'autres légumes.*
• *Vous pouvez préparer le concombre à l'avance et le laisser s'égoutter au frais pour qu'il rende son jus.*
• *Cette salade sera meilleure si tous les ingrédients sont bien frais. Préparez-les à l'avance et gardez-les au moins 1 heure au réfrigérateur. Mélangez-les et assaisonnez-les au dernier moment.*

Égouttez le crabe dans un tamis fin puis émiettez grossièrement la chair.

Utilisez un couteau affûté pour émincer le chou.

Épépinez le miniconcombre avec une petite cuillère, sans l'éplucher.

4 PERS.

Préparation + cuisson 30 minutes

Salade de porc aux litchis

INGRÉDIENTS
1 c. à c. d'huile végétale
300 g de filet mignon de porc
1 grosse boîte de litchis égouttés et coupés en deux
1 poivron rouge épépiné et coupé en très fines lamelles
1 tige de citronnelle émincée
2 feuilles de citron kaffir coupées en fines lanières
100 g de pousses de cresson
2 c. à s. de menthe vietnamienne finement ciselée
2 c. à s. de gingembre mariné égoutté et émincé
2 c. à s. d'échalote frite

ASSAISONNEMENT
1 c. à s. d'ail confit coupé très finement
2 piments rouge frais épépinés et émincés
1 c. à s. de vinaigre de riz
1 c. à s. de jus de citron vert
1 c. à s. de sauce de poisson
1 c. à s. de sucre de palme râpé ou de sucre roux

1. Faites chauffer l'huile dans un wok et faites dorer le filet de porc de toutes parts. Quand il est bien cuit, retirez le wok du feu, couvrez-le et laissez reposer la viande 10 minutes avant de la découper en très fines tranches. Mettez le porc dans un saladier. Préparez l'assaisonnement et versez-le dans le saladier. Laissez mariner 10 minutes.
2. Pendant ce temps, mélangez dans un autre saladier les litchis, le poivron, la citronnelle, les feuilles de kaffir, le cresson et la menthe.
3. Ajoutez le porc mariné et mélangez. Garnissez de gingembre mariné et d'échalote frite. Servez sans attendre.

ASSAISONNEMENT
Fouettez tous les ingrédients dans un petit bol jusqu'à ce que le sucre soit dissous.

ASTUCES DU CHEF
• Vous pouvez préparer cette recette avec 500 g de litchis frais épluchés et coupés en deux, ou encore avec des ramboutans frais ; ces fruits exotiques sont très spectaculaires, avec une peau d'un rouge profond, mais leur goût rappelle celui du litchi (en vente dans les épiceries asiatiques).
• L'échalote frite est un ingrédient très important dans la cuisine thaïe. Vous pouvez l'acheter toute prête dans les épiceries asiatiques, en petits flacons, mais elle sera meilleure si vous la préparez vous-même. Émincez dans la longueur, en tranches très fines, au moins 1 tasse d'échalotes puis faites-les frire dans de l'huile très chaude, dans une poêle ou dans un wok, en remuant sans cesse jusqu'à coloration. Dès que les tranches sont croustillantes et dorées, retirez-les de l'huile et égouttez-les sur du papier absorbant ; gardez-les dans un récipient hermétique.
• L'ail confit est un condiment typique de la cuisine thaïe. Les jeunes gousses d'ail sont mises à tremper dans un mélange d'eau, de vinaigre de riz, de sel et de sucre. On le prépare avec de l'ail jeune (en vente dans les épiceries asiatiques).

Égouttez les litchis avant de les mélanger aux autres ingrédients.

Découpez le porc en tranches très fines puis nappez-le de marinade.

Roulez les feuilles de kaffir pour les découper en très fines lanières.

4 PERS.

Préparation + cuisson
35 minutes
(+ marinade)

Salade thaïe au bœuf grillé

INGRÉDIENTS

60 ml de sauce de poisson
60 ml de jus de citron vert
500 g de rumsteck
3 miniconcombres épépinés et coupés en fines tranches
250 g de tomates cerises coupées en deux
4 piments oiseau rouges émincés
4 oignons verts émincés
1 poignée de menthe vietnamienne
1 petite poignée de coriandre
1 petite poignée de basilic thaï
1 c. à s. de sucre de palme râpé ou de sucre roux
2 c. à c. de sauce soja
1 gousse d'ail pilée

1. Mélangez dans un saladier 2 cuillerées à soupe de sauce de poisson avec 1 cuillerée à soupe de jus de citron vert, ajoutez le pavé de rumsteck et nappez-le de marinade. Couvrez et réfrigérez au moins 3 heures.

2. Égouttez le pavé de rumsteck (jetez la marinade) avant de le saisir à feu vif sur un gril en fonte légèrement huilé, jusqu'à ce qu'il soit cuit à votre convenance. Posez-le ensuite sur une planche à découper et laissez-le reposer 5 minutes sous une feuille de papier d'aluminium avant de le détailler en lamelles.

3. Mélangez dans un saladier les concombres, les tomates, les piments, les oignons verts et les herbes.

4. Mettez dans un bocal le sucre, la sauce soja, l'ail et le reste de la sauce de poisson et du jus de citron vert, fermez le couvercle et agitez vigoureusement. Versez cette sauce sur la salade avant de la garnir de lamelles de bœuf.

Nappez le pavé de rumsteck de marinade, couvrez de film alimentaire et laissez mariner 3 heures au réfrigérateur.

Saisissez le pavé de rumsteck égoutté sur un gril en fonte huilé jusqu'à ce qu'il soit cuit à votre convenance.

Versez la sauce sur la salade et mélangez délicatement.

4 PERS.

Préparation + cuisson 45 minutes

Salade piquante au poulet

INGRÉDIENTS

2 c. à s. de riz à long grain
1 c. à s. d'huile d'arachide
1 blanc de citronnelle (20 g) haché
2 piments oiseau rouges émincés
2 gousses d'ail pilées
1 c. à s. de galanga haché
750 g de blancs de poulet hachés
1 miniconcombre épépiné et coupé en tranches fines
1 petit oignon rouge émincé
100 g de germes de soja
1 petite poignée de basilic thaï
1 grosse poignée de coriandre fraîche
4 grandes feuilles de laitue iceberg

SAUCE

80 ml de jus de citron vert
2 c. à s. de sauce de poisson
2 c. à s. de kacap manis
2 c. à s. d'huile d'arachide
2 c. à c. de sucre de palme râpé ou de sucre roux
½ c. à c. de sambal oelek

1. Laissez chauffer le wok à sec quelques minutes et faites dorer légèrement le riz avant de le piler en fine chapelure dans un mortier.
2. Pour la sauce, mélangez tous les ingrédients dans un shaker pour sauce à salade, fermez et agitez vigoureusement.
3. Faites chauffer l'huile dans le wok et saisissez à feu vif la citronnelle, le piment, l'ail et le galanga. Quand le mélange embaume, sortez-le du wok et remplacez-le par le poulet haché que vous faites revenir en plusieurs fois pour qu'il soit bien doré.
4. Remettez le mélange à la citronnelle dans le wok, mouillez avec un tiers de la sauce et laissez frémir 5 minutes pour que la sauce épaississe.
5. Versez le reste de la sauce dans un saladier, ajoutez le mélange au poulet, le concombre, l'oignon, les germes de soja et les herbes. Remuez délicatement, puis servez la salade sur les feuilles de laitue. Saupoudrez la chapelure de riz.

ASTUCES DU CHEF

• Le basilic thaï présente des feuilles plus petites que celles du basilic commun et il possède un délicat arôme d'anis. On le trouve dans les épiceries aisatiques. Vous pouvez le remplacer par une variété plus courante.
• Le sambal oelek est une purée de piment assez forte, d'origine indonésienne. Il comporte aussi de la sauce soja. Vous pouvez en réduire la quantité ou utiliser de la purée de tomates si vous n'aimez pas les plats trop relevés.
• Plus le piment est petit, plus il est fort. Les piments oiseau sont terriblement forts mais très parfumés. Pour les moins téméraires, on recommandera les piments longs. Grillés, ils acquièrent une saveur légèrement sucrée qui se marie bien avec les salades.

Remuez sans cesse le riz pour éviter qu'il ne brûle.

Pilez le riz dans un mortier pour obtenir une chapelure fine.

Annexes

Glossaire

Ail frit

Basilic pourpre

Bok choy

Cinq-épices

A

AIL
Très utilisé dans la cuisine thaïe (on en trouve dans presque toutes les recettes de ce livre), c'est un condiment qu'on emploie frais mais aussi parfois mariné. L'ail thaï est moins puissant que celui que nous connaissons et ce qui s'en rapproche le plus est sans doute l'ail nouveau, mais sa saison est très courte. On trouve également de l'ail frit, utilisé pour parfumer. Si on le prépare soi-même, en faisant frire de très fines tranches d'ail dans de l'huile, il faut en surveiller attentivement la cuisson. Il se garde 3 jours dans un récipient hermétique.

ANIS ÉTOILÉ
Aussi appelé « badiane », c'est une gousse sèche en forme d'étoile, dont les graines libèrent un arôme et une saveur d'anis.

AUBERGINE
Les Thaïlandais utilisent plusieurs variétés d'aubergines dont certaines sont très proches de celles que nous connaissons, avec leur forme allongée, leur peau d'un violet très sombre et leur chair pâle. Plus typiques, les aubergines thaïes sont rondes et petites, et se déclinent dans plusieurs couleurs : vert, jaune, orange ou violet clair. On trouve aussi des aubergines longues de couleur verte, qui rappellent les aubergines japonaises. Les aubergines sauvages ont la taille d'un pois et se présentent en grappes d'une quinzaine de baies. Mangées seules, elles ont un goût assez amer mais qui permet de compenser agréablement la richesse de certains currys au goût sucré et doux. On les trouve fraîches ou conservées dans la saumure, même si les premières sont préférables aux secondes car leur amertume est plus franche. La plupart des épiceries asiatiques en proposent.

B

BASILIC POURPRE
Cette variété à feuillage pourpre a une saveur assez douce mais légèrement poivrée. On peut l'utiliser pour remplacer le basilic thaï.

BASILIC THAÏ
C'est une herbe aux tiges mauve et aux feuilles vertes, avec un arôme très anisé. Ses feuilles sont très utilisées dans les currys.

BOK CHOY
Également appelé « pak choy » ou « bette chinoise ». Ce chou, qui ressemble à des bettes, a un goût frais et légèrement moutardé. Plus il est jeune, plus il est tendre. On trouve aussi des minibok choy, que l'on coupe en quatre dans la hauteur pour les cuisiner, alors que les feuilles des grands bok choy se coupent en lanières larges. Séparez bien les feuilles pour les laver. Elles

Concentré de tamarin

Coriandre

Crevette

Crevettes séchées

peuvent se faire sauter ou cuire à la vapeur. Les plus jeunes se servent parfois crues, en salade.

BROCOLI CHINOIS

Appelé aussi « *gai larn* » ou « cardon chinois », il présente des feuilles vert foncé et des tiges allongées terminées par des fleurettes beaucoup moins denses que celles du brocoli italien. On consomme davantage les tiges que les feuilles (souvent dures).

C

CARDAMOME

C'est une plante herbacée dont on utilise le fruit séché, une capsule grisâtre contenant trois alvéoles où sont logées les graines. On grille la cardamome avant de la briser pour libérer les graines. On la trouve aussi en poudre mais son parfum est plus volatil.

CHAMPIGNONS SÉCHÉS

Les plus courants sont les shiitake, qui ont un goût très parfumé. Pour les réhydrater, il faut les faire tremper 20 minutes dans un peu d'eau tiède. Leur eau de trempage peut servir à parfumer un bouillon.

CHOU CHINOIS

C'est le chou courant dans les cuisines du Sud-Est asiatique. De forme allongée, il présente des feuilles d'un vert très clair. Son goût est délicat et il se fait à peine cuire, à l'étouffée ou sauté au wok, et on l'agrémente souvent de sauce d'huître. Quand il est très jeune, on peut même le servir en salade. On le trouve aujourd'hui de plus en plus facilement sur les marchés et les étals de légumes.

CINQ-ÉPICES

C'est un mélange aromatique d'épices moulues qui contient de la cannelle, des clous de girofle, de l'anis étoilé, du fenouil et du poivre du Sichuan. On y ajoute parfois du gingembre, de la cardamome ou de la coriandre.

CITRON KAFFIR

Variété d'agrume. Le fruit possède une écorce irrégulière d'un vert profond et il est plus acide et plus parfumé que le citron jaune. Ses feuilles sont très utilisées dans la cuisine thaïe et indonésienne pour parfumer les soupes et currys. Elles sont meilleures fraîches, mais elles gardent toute leur saveur quand on les congèle. Vous pouvez les remplacer par du zeste de citron vert.

CITRONNELLE

Cette plante est très courante dans la cuisine thaïe. Supprimez les feuilles vertes et ne gardez que le blanc. Émincée ou écrasée, elle parfume les currys, les plats sautés ou les marinades.

CORIANDRE

Cette herbe est un aromate important de la cuisine thaïe. On utilise les feuilles fraîches, que l'on ajoute au dernier moment pour éviter qu'elles ne perdent leur saveur à la cuisson. Les tiges et les racines sont aussi employées pour les pâtes de curry. Il faut bien les laver avant emploi et éliminer la première enveloppe des racines, assez fibreuse.

CRÈME DE COCO

C'est la partie épaisse du lait de coco qui se forme à la surface des boîtes. Elle a une saveur complexe, plus profonde que celle du lait de coco. On en trouve aussi dans le commerce, conditionnée en petites briques. Si vous la récupérez sur le lait de coco, ne secouez pas la boîte pour pouvoir la prélever à la cuillère.

CREVETTES SÉCHÉES

Elles sont couramment employées dans la cuisine thaïe. On peut les faire revenir dans de l'huile pour libérer leur arôme ou les ajouter directement dans un plat.

CURCUMA

Aussi appelé « safran des Indes », c'est une plante rhizomateuse cultivée depuis au moins 2 000 ans en Asie. D'un jaune très franc, le rhizome séché et réduit en poudre donne une épice au goût poivré et légèrement amer, qui colore vivement les recettes.

CURRY EN POUDRE

Mélange d'épices grillées et pilées préparé généralement avec du piment, de la cannelle, de la coriandre, du cumin, du fenouil, de la cardamome, du curcuma, du macis...
Les proportions peuvent varier selon les recettes.

Feuilles de citron kaffir

Feuilles de riz

Galanga mariné

Gingembre sauvage

F

FEUILLE DE BANANIER
Elle est utilisée le plus souvent en papillote pour faire cuire des aliments à la vapeur ou sur un gril. Les feuilles plus jeunes sont plus facile à plier mais on peut assouplir les plus épaisses en les plongeant dans de l'eau bouillante.

E

ÉCHALOTE
On l'emploie dans la plupart des pâtes de curry, les salades ou pour parfumer les soupes. L'échalote d'Asie est plus petite et plus ronde que l'échalote commune. Elle forme de petites grappes comme les gousses d'ail. Dans les épiceries asiatiques, on trouve des échalotes frites en bocal, pour parfumer soupes et salades.

G

GALANGA
Cette plante rhyzomateuse appartient à la famille du gingembre mais sa saveur est plus amère. De couleur crème quand il est jeune, il est parfait pour aromatiser les soupes. Plus vieux, ses tiges s'assombrissent et il est idéal pour parfumer les currys. Comme le gingembre, le galanga peut être mariné, ce qui lui donne un goût à la fois piquant et sucré ; tous les deux sont surtout utilisés en accompagnement des currys.

GERMES DE SOJA
Ce sont les pousses tendres et germées du soja jaune ou vert (haricot mungo). On les utilise en salades ou dans les plats sautés au wok.

GINGEMBRE
Ce rhizome noueux et épais, au goût fort et piquant, provient d'une plante tropicale. On peut le peler et le râper ou le détailler en fins bâtonnets. Il parfume soupes, currys ou plats sautés. Le gingembre sauvage, ou *gachai*, se présente sous la forme d'une grappe de rhizomes fins ressemblant à des crayons : il est surtout utilisé en saumure (le rincer abondamment et le tremper dans de l'eau sucrée pour atténuer sa saveur âcre).

H

HARICOT SERPENT
C'est une variété de haricot vert d'origine asiatique, de forme sinueuse et pouvant mesurer 40 cm de long. Il est très utilisé dans les recettes sautées au wok mais on peut le remplacer par des haricots verts ordinaires.

HUILE
La cuisine d'Asie utilise le plus souvent l'huile d'arachide pour saisir et faire sauter les aliments à feu vif. L'huile végétale est préparée avec différents végétaux ; c'est une huile claire et neutre, donc parfaite pour la friture. Enfin, l'huile de sésame est obtenue à partir de graines de sésame grillées (l'huile est alors brun foncée et son goût est marqué) ou simplement pressées (l'huile est claire et pratiquement inodore, mais son goût reste très parfumée). L'huile préparée avec des graines grillées est très utilisée dans la cuisine asiatique car elle peut être chauffée à des températures élevées ; elle est donc idéale pour les cuissons au wok. L'huile pressée à froid est plutôt réservée pour les assaisonnements, mais il faut en mettre très peu car sa saveur est vraiment prononcée.

K

KECAP MANIS
Sauce soja épaisse et sucrée très utilisé dans la cuisine indonésienne. Certaines préparations sont plus sucrées, d'autres plus salées.

L

LAIT DE COCO
Il s'agit du liquide obtenu par la deuxième pression de la pulpe de noix de coco. Si on le fait chauffer très fort, le lait et le gras qu'il contient se séparent. On peut utiliser l'huile qui s'est formée pour faire revenir des ingrédients. Mais pour les fonds de sauce qui doivent rester homogènes, attention à ne pas laisser bouillir le lait de coco.

M

MACIS
Utilisé dans certaines pâtes

Menthe vietnamienne

Patate douce

Pâte à wonton

Pâtissons

de curry, c'est l'enveloppe externe de la noix de muscade.

MAÏZENA®
Fécule de maïs utilisée pour lier les sauces. On la délaye toujours dans un peu de liquide.

MENTHE
Dans la cuisine thaïe, on emploie une variété de menthe à petites feuilles, très parfumée et dont le goût rappelle un peu celui de la menthe sauvage.

MINICONCOMBRE
Variété de concombre qui donne des spécimens petits et quasiment dépourvus de pépins. Sa peau très mince se mange.

N

NOUILLES
Les plus employées dans la cuisine thaïe sont les nouilles de riz, composées de farine de riz et d'eau. Elles sont blanches, charnues et souples.
On les trouve déjà découpées en rubans plus ou moins larges ou en feuilles pliées que l'on coupe à la largeur souhaitée. Elles sont cuisinées fraîches, sauf les vermicelles, si fins qu'ils sont toujours séchés. Il suffit de les assouplir dans de l'eau bouillante pour les séparer sans les casser, puis de les réchauffer au dernier moment avec le reste des ingrédients. Plus rarement employées en Thaïlande, les nouilles de riz séchés sont toutefois une bonne alternative si vous ne parvenez pas à vous procurer des nouilles fraîches ; il suffit de les réhydrater quelques minutes dans de l'eau bouillante. D'origine chinoise, les nouilles fraîches aux œufs, préparées avec de la farine de blé, sont aujourd'hui courantes dans la cuisine thaïe ; on les blanchit quelques secondes à l'eau bouillante avant de les utiliser.

O

OIGNON
En cuisson dans la plupart des recettes, on peut utiliser indifféremment de l'oignon jaune ou de l'oignon blanc. L'oignon vert est en fait un bulbe d'oignon nouveau cueilli avant maturation. Il est pourvu de tiges vertes qui sont utilisées crues le plus souvent. Le bulbe est employé dans la cuisine thaïe pour sa saveur douce et subtile.

P

PAPAYE
Le fruit du papayer est une grosse baie de forme le plus souvent allongée, à la pulpe comestible. La chair de la papaye verte sert de base à plusieurs salades thaïes et se prépare généralement râpée. Le fruit doit être choisi bien ferme (sinon on ne peut pas le râper), avec une peau brillante et une pulpe vert pâle.

PÂTE À WONTONS
En feuilles rondes ou carrés, cette pâte très pâle est utilisée pour les raviolis thaïs, qui peuvent ensuite être frits ou cuits à la vapeur. Elle est vendue au rayon frais des épiceries asiatiques mais on en trouve aussi parfois dans les grandes surfaces.

PÂTE DE CREVETTES
Préparée avec des crevettes séchées, elle a un goût très prononcé. On la fait généralement revenir dans de l'huile mais on peut aussi la faire d'abord rôtir dans une feuille d'aluminium pour développer ses arômes. Elle se garde des mois au réfrigérateur, dans une boîte hermétique.

PÂTISSON
Cette courge se consomme plutôt jeune, quand elle est encore petite. Sa chair douce et sucrée convient très bien pour les currys.

PIMENT
Beaucoup de variétés sont utilisées dans la cuisine thaïe. En général, plus le piment est petit, plus il est fort. Les piments oiseau sont les plus inoubliables des piments thaïs : rouges ou verts, ils constituent la base des currys mais sont aussi utilisés dans de très nombreuses recettes. Les piments longs ont une saveur riche, mais moins enflammée que les piments oiseau ; les verts sont cependant plus tranchants et les rouges peuvent se faire griller. Les flocons sont tirés de piments séchés ; on peut les acheter tout prêts ou les faire soi-même en pilant des piments rouges dans un mortier. Pour atténuer le feu des piments, il est recommandé de retirer les graines et les membranes blanches à l'intérieur, en prenant soin

Piment séché (flocons)

Radis blanc salé

Safran (filaments)

Sambal oelek

de se protéger les mains car la chair des piments et très irritante.

POIS GOURMAND
Variété de pois dont la cosse est plus plate et moins épaisse que celle des petits pois. Il se mange en entier et sa cuisson doit être brève pour lui garder toute sa finesse.

POMÉLO
Variété de d'agrume à chair douce et légèrement sucrée, avec une légère pointe d'amertume. Il est très courant dans la cuisine du Sud-Est asiatique.

POUSSES DE BAMBOU
Jeunes plants de bambou vendus le plus souvent en conserve. Les pousses entières, également vendues en boîte, ont davantage de goût que les pousses émincées. Rincez-les et égouttez-les avant de les utiliser.

R

RADIS BLANC SALÉ
On le trouve dans les épiceries asiatiques. Il est vendu en conserve, entier ou émincé. Il rehausse certaines sauces mais il faut toujours le rincer avant emploi.

RIZ
Surtout consommé dans le nord de la Thaïlande, le riz gluant est servi en accompagnement de la salade de papaye verte. Il peut être proposé sucré ou salé. Il faut le laisser tremper toute une nuit dans l'eau froide avant de le cuisiner. Le riz gluant noir est idéal pour préparer des desserts au lait de coco mais on l'utilise aussi parfois en accompagnement. Comme le riz gluant blanc, il faut le laisser tremper toute une nuit avant de le faire cuire. Le riz jasmin est un riz long délicatement parfumé. On le fait cuire à l'étouffée ou à la vapeur et il accompagne la plupart des recettes thaïes. Il faut le rincer avant de le faire cuire. On propose parfois de le remplacer par du riz basmati mais le goût est vraiment différent.

S

SAFRAN
C'est une des épices les plus chères, issue d'une variété de crocus. On la trouve en filaments (les pistils du crocus) ou en poudre, mais cette présentation est surtout utilisée pour donner de la couleur car l'épice perd beaucoup de sa saveur quand elle est écrasée.

SAUCE AU PIMENT DOUCE
Sauce peu piquante composée de piments rouges, de sucre, d'ail et de vinaigre de vin blanc.

SAUCE D'HUÎTRE
Sauce épaisse à base d'huîtres, de sel et de sauce soja. Elle est épaissie avec de l'amidon. Pour les plats végétariens, on peut la remplacer par une sauce préparée avec des champignons.

SAUCE DE POISSON
Assaisonnement de base de la cuisine thaïe, la sauce de poisson apporte l'élément salé aux recettes et elle se mélange aux autres ingrédients pour équilibrer les saveurs. Cette sauce est préparée avec des poissons séchés et fermentés. Elle est plus ou moins salée selon les recettes ; il convient donc de la goûter avant d'en assaisonner un plat.

SAUCE HOISIN
Épaisse, sucrée et aromatique, cette sauce est faite avec de la pâte de germes de soja salés fermentés, des oignons et de l'ail. On la sert avec des bouchées vapeur mais elle est aussi très utile pour parfumer les marinades.

SAUCE SOJA
Préparée avec des haricots de soja fermentés, c'est un ingrédient de base de la cuisine asiatique. On trouve de la sauce soja claire, qui s'utilise surtout avec le poulet, le poisson et les mets délicats, et de la sauce brune, plus épaisse et dont la saveur prononcée se marie bien avec les marinades ou les plats riches. Les sauces soja portant la mention « light » ou « allégée » ont une teneur moins élevée en sel que les sauces classiques.

SHIITAKE
Ce champignon est plus connu chez nous sous le nom de « lentin de chêne ». Il est réputé pour ses nombreuses vertus qui lui ont valu le surnom chinois d'« élixir de vie » ou « champignon de longévité ». On consomme son chapeau brun, épais, mais le pied, fibreux

Sauce de poisson

Surimi

Tamarin séché (pulpe)

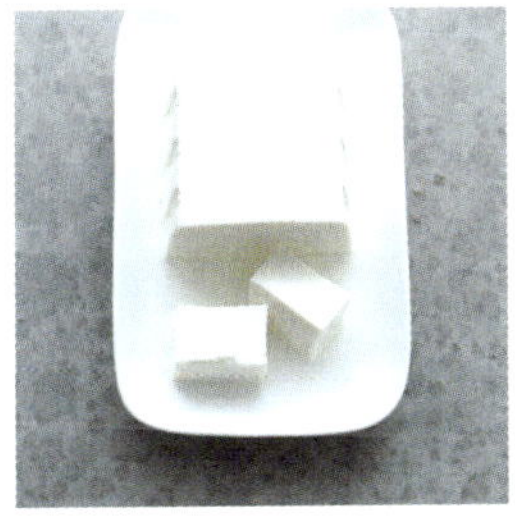

Tofu

et coriace, est souvent éliminé. Son arôme est très marqué et on peut l'employer pour parfumer de la viande sautée au wok, des nouilles ou du riz. Il est également vendu séché et couramment employé sous cette forme, après qu'on l'a réhydraté dans de l'eau chaude (éliminer les pieds ou les utiliser pour parfumer un bouillon).

SUCRE DE PALME

Extrait de la sève des palmiers à sucre, il peut s'acheter dans les épiceries asiatiques et dans certaines grandes surfaces. La sève est recueillie directement sur l'arbre et elle est vendue en sirop ou séchée puis débitée en petits pains que l'on râpe ou que l'on pile. On peut le remplacer par de la cassonnade.

SURIMI

C'est un produit d'origine japonaise dont l'invention remonte au XVIIe siècle. Il est préparé avec de la chair de poisson blanc (souvent du cabillaud ou du colin) et parfois de crabe, ce qui permettait autrefois de conserver ces denrées plus longtemps. Il est largement utilisé dans le monde entier et on le trouve aussi bien en bâtonnets fins qu'un gros rouleaux détaillés en tranches.

T

TAMARIN

Fruit du tamarinier, il a une chair acide. On peut le trouver frais dans les épiceries asiatiques. Le plus souvent, on utilisera de la pulpe de tamarin séchée, qu'il faut réhydrater quelques minutes dans de l'eau bouillante avant de la passer dans un tamis fin pour récupérer un jus épais et acide. On trouve aussi du concentré de tamarin, qui s'utilise sans préparation.

TOFU

Pâte de soja épaisse qui se présente sous la forme de blocs compacts et fermes (qu'on fait égoutter pour éliminer l'eau avant de le faire cuire). On trouve aussi du tofu soyeux, dont la consistance se rapproche davantage de celle d'un fromage blanc. C'est un ingrédient courant de la cuisine thaïe et une bonne alternative à la viande et aux produits de la mer pour les végétariens.

V

VINAIGRE DE RIZ

En vente dans les épiceries asiatiques, il peut être blanc, noir ou rouge selon la variété de riz utilisé. Il est obtenu par fermentation du riz ou du vin de riz. Le vinaigre noir a un petit goût sucré et s'utilise dans les plats braisés. Le vinaigre rouge s'utilise souvent pour accompagner les bouchées vapeur. Le vinaigre blanc est très doux ; on peut le remplacer par un mélange d'eau et de vinaigre de cidre (à quantités égales) mais le résultat ne sera pas tout à fait aussi bon.

Index

Extraits de *Thai* (2006) et de *Best Food Thai* (2004)
publiés pour la première fois en Australie par Bauer Media Books.

Traduction et adaptation : Élisabeth Boyer et Danièle Delavaquerie
Conception graphique de l'intérieur : Aurélie Vitoux
Mise en pages : les PAOistes
Suivi éditorial : Natacha Kotchetkova

Pour Marabout, le principe est d'utiliser des papiers composés de fibres naturelles, renouvelables, recyclables et fabriquées à partir de bois issus de forêts qui adoptent un système d'aménagement durable. En outre, Marabout attend de ses fournisseurs de papier qu'ils s'inscrivent dans une démarche de certification environnementale reconnue.

Édité par Hachette Livre
43, quai de Grenelle, 75905 Paris Cedex 15
ISBN : 978-2-501-10192-9
43.6674.7/01
Dépôt légal : janvier 2015
Achevé d'imprimer en Espagne
par Macrolibros en novembre 2014.

PAPIER À BASE DE FIBRES CERTIFIÉES

MARABOUT
s'engage pour l'environnement en réduisant l'empreinte carbone de ses livres.
Celle de cet exemplaire est de :
1700 g éq. CO_2
Rendez-vous sur
www.marabout-durable.fr